一問一答シリーズ

一問一答
●
戸籍法
戸籍情報の連携、押印義務の見直し、氏名の振り仮名の法制化

法務省民事局民事第一課長

櫻庭 倫

◉ 著

商事法務

●はしがき

　戸籍法は、令和に入り、元年と5年の2度にわたり、法制審議会に諮問を求めるような大きな改正が行われている。

　1つ目の令和元年の改正は、法務大臣が設置・管理する戸籍情報連携システムの構築を前提に、いわゆるマイナンバー制度との連携を図るものであり、国民が社会保障手続など一定の分野で戸籍証明書の添付を求められる場面において、マイナンバー法に基づき市区町村から関係行政機関等に戸籍関係情報を提供することで、これを省略可能とするほか、これまで本籍地の市区町村長に対してのみ可能であった戸籍証明書の交付請求について、一定の場合に最寄りの市区町村長に対しても可能にするなどの措置を講ずるものである。

　2つ目の令和5年の改正は、氏名の振り仮名を戸籍に記載して一意化し、公証することで、氏名の振り仮名を本人特定のツールとし、各種情報システムにおける検索や管理等の能率、各種サービスの質を向上させることに資するものであり、デジタル社会における重要なインフラを構築するものである。

　これらの2つの改正は、いずれもデジタル社会の進展を背景に、国民の利便性の向上と行政運営の効率化を図ることを目的とするものである。

　令和元年の改正は、「戸籍法の一部を改正する法律」（令和元年法律第17号）として、令和元年5月24日に成立し、同月31日に公布され、一部が施行済みとなっているが、マイナンバー制度との連携等、戸籍情報連携システムの稼動を前提とする主要部分が令和6年3月1日に施行される。

　令和5年の改正は、「行政手続における特定の個人を識別するための番号の利用等に関する法律等の一部を改正する法律」（令和5年法律第48号）の一部として、令和5年6月2日に成立し、同月9日に公布され、公布の日から起算して2年を超えない範囲内に施行される予定となっている。

　いずれの法改正も国民生活や行政運営に大きな影響を与えるものであるが、その内容の理解にはやや難解な部分もあると思われる。そこで、縁あって2つの法制審議会戸籍法部会にそれぞれ関係官、幹事の立場で参加し、その後の立案作業に携わる機会を与えていただいたことから、本書を通じてこれらの法改正を中心に近時の戸籍法改正の趣旨の解説を行うこととした。

　本書では、一問一答の形式により、令和元年から令和5年に至るまでの戸籍法改正の趣旨やその内容を分かりやすく解説することを心がけている（ただし、個人の立場で執筆したものであり、意見にわたる部分は著者の個人的見解にとどまるものである。）。また、本書には、戸籍法の改正部分について、逐条で簡潔な解説をする部分も設けている。

　執筆に当たっては、法務省民事局において令和元年及び同5年の双方の改正法案の立案作業や法案の国会審議に従事した田中寿径、佐藤秀逸の各氏、また令和5年の改正法案の立案作業や法案の国会審議に従事した国分貴之、長橋佑里香及び青山琢磨の各氏から、貴重な助言等をいただいた。

　また、改正法が成立するまでには、法制審議会戸籍法部会で2度の部会長を務められ、かつ、同じくその前身の「戸籍制度に関する研究会」及び「氏名の読み仮名の法制化に関する研究会」の座長を務められた窪田充見神戸大学大学院法学研究科教授をはじめ、同部会及び同研究会の各委員・幹事・関係官など、多くの方の御指導、御協力をいただいた。さらに、最高裁判所事務総局家庭局の担当者の方々にも、大変お世話になった。この場を借りて心から御礼を申し上げる。

　本書の刊行に当たっては、株式会社商事法務の澁谷禎之氏、辻有里香氏、中崎祥子氏の御尽力を賜った。記して感謝の意を表したい。

　本書が関係各方面において広く利用され、改正法の趣旨及び内容についての理解の一助となれば幸いである。

　令和6年1月

法務省民事局民事第一課長　櫻庭　倫

一問一答　戸籍法
──戸籍情報の連携、押印義務の見直し、氏名の振り仮名の法制化
もくじ

第3編　資　　料

第1編

一問一答

第1章 令和元年改正（戸籍情報の連携等）

第1節　総論

> **Q1**　令和元年改正の概要は、どのようなものか。

A　1　戸籍法の一部を改正する法律（令和元年法律第17号。以下この章において「改正法」という。）による戸籍法改正（以下「令和元年改正」という。）の一番の眼目は、令和6年3月1日から稼動予定の戸籍情報連携システム（通称。以下同じ。後記Q16参照）を活用した情報連携による戸籍証明書及び除籍証明書（以下「戸籍証明書等」という。）の添付省略の実現である。

　国民の利便性の向上及び行政運営の効率化を図るため、法務大臣が、戸籍又は除かれた戸籍の副本に記録されている情報を利用して、親子関係の存否等の戸籍関係情報（後記Q3参照）を作成し、行政手続における特定の個人を識別するための番号の利用等に関する法律（平成25年法律第27号。以下「マイナンバー法」という。）に基づき、マイナンバーを利用して行政事務を処理する情報照会者等からの照会に応じて戸籍関係情報を提供することができるようにするとともに、戸籍に記載されている者等一定の者[注1]（以下「本人等」という。）が本籍地以外の市区町村長に対しても戸籍証明書等の交付の請求を可能とする措置や、マイナンバーを利用せずに行政事務を処理する者に戸籍証明書等の電磁的記録に相当する戸籍電子証明書又は除籍電子証明書（以下「戸籍電子証明書等」という。）（後記Q24参照）の提供を可能とする措置等が講じられた（以下、戸籍に記載されている情報の受渡しに関するこれらの措置をまとめて「戸籍情報の連携」という。）。

　2　令和元年改正の概要は、以下のとおりである。

（システム構築を前提とする改正）

① 法務大臣が、戸籍関係情報を作成するため、戸籍又は除かれた戸籍の副本に記録されている情報を利用することができるようにする（戸籍法第121条の3）。

② 戸籍事務について、国のシステムと市区町村のシステムとを接続したシステム（戸籍法第118条第1項の電子情報処理組織）によって取り扱うものとし、戸籍の届出についても戸籍証明書等[注2]の添付省略を可能とする（戸籍法第120条の7及び第120条の8等）。

③ 本人等については、本籍地以外の市区町村長に対しても、戸籍証明書等の交付を請求することができるようにする（戸籍法第120条の2）。

④ 本人等については、戸籍電子証明書等を行政機関に提供するよう請求することができ、その場合、それに紐付いた戸籍電子証明書提供用識別符号又は除籍電子証明書提供用識別符号（以下「戸籍電子証明書提供用識別符号等」という。）の発行を受けることができるものとする（戸籍法第120条の3）。

⑤ 新たに構築されるシステムの構築等に係る事務に関する秘密について、法務大臣及び指定市区町村長（後記Q9参照）に漏えい防止等の措置を講ずることを義務付けるとともに、当該事務の従事者等が秘密を漏らし又は盗用した場合や、戸籍事務の従事者等が戸籍情報を不正利用した場合について罰則を設ける（戸籍法第121条、第121条の2、第132条及び第133条）。

（その他の改正）

⑥ 管轄法務局長等及び市区町村長の調査権の規定を設ける（戸籍法第3条第3項及び第27条の3）。

⑦ 戸籍訂正の規定を整理する（戸籍法第24条及び第114条）。

⑧ 死亡届の届出資格者に任意後見受任者を追加する（戸籍法第87条第2項）。

3 また、改正法附則において、以下のとおりマイナンバー法を改正している。

① 法務大臣が戸籍関係情報の提供に関する事務の処理に関して必要な

限度で情報提供用個人識別符号を利用できるようにする（マイナン
バー法第9条第3項）。

② 　戸籍関係情報の作成のために法務大臣が保有する個人情報等に係る
所要の保護措置を設ける（マイナンバー法第45条の2）。

③ 　マイナンバー法別表第二に掲げる所要の事務において戸籍関係情報
の照会を可能とする（マイナンバー法第19条第8号及び第9号、別表第
二）。

4　この改正によって、戸籍証明書等の添付省略が図られ、国民の利便性
の向上に資するほか、戸籍事務を含む行政運営の効率化に資することが期待
されている。

（注1）戸籍法第10条第1項に規定されている者、すなわち、戸籍に記載されている
者、その配偶者、直系尊属、直系卑属について、本籍地以外の市区町村長に対する戸籍証
明書等の交付請求及び戸籍電子証明書等の提供の請求を認めることとしている（戸籍法第
120条の2及び第120条の3）。

（注2）磁気ディスクをもって調製された戸籍に記録されている事項の全部又は一部を
証明した書面が「戸籍証明書」であり（戸籍法第120条）、紙の戸籍に記載されている事
項の全部を謄写した書面が「戸籍謄本」、当該事項の一部を謄写した書面が「戸籍抄本」
である。戸籍法上は、「戸籍謄本等」という文言が用いられているが（戸籍法第10条第1
項）、令和5年4月現在、全ての市区町村の戸籍事務がコンピュータ処理されていること
から、本書では、戸籍の内容を証明する書面について「戸籍証明書」という表現を用いる
こととしている。

Q2　マイナンバー法に基づく戸籍情報の連携とはどのようなものか。

A　1　マイナンバー制度における情報連携は、内閣総理大臣が設置・管理する専用の情報提供ネットワークシステムにおいて、12桁のマイナンバーを直接用いることなく、参加機関ごとに異なるよう暗号化された「情報提供用個人識別符号」（いわゆる機関別符号）を用いて行う仕組みとなっている。

2　これを前提に、マイナンバー法に基づく戸籍情報の連携は、次の仕組みを構築することにより、マイナンバー法に定める情報照会者等が取り扱う行政手続において、戸籍証明書等の添付を省略できるようにするものである。

①　法務大臣が、既存の戸籍副本データ管理システムを活用・発展させた戸籍情報連携システムを整備する（後記Q16参照）。

②　①の戸籍情報連携システムにより、法務大臣が戸籍又は除かれた戸籍の副本に記録されている情報を基に親子関係や夫婦関係等の個人別の親族関係情報である戸籍関係情報（後記Q3参照）を作成する。

③　社会保障の分野等、マイナンバーを利用して事務を行っている行政機関に提供できるよう、戸籍関係情報を情報提供用個人識別符号と紐付ける。

④　その紐付けは、本籍地の市区町村に存在する戸籍の附票に記載することとされている氏名、性別、生年月日及び住所を、地方公共団体情報システム機構に通知すること等によって、特定の者の情報提供用個人識別符号を法務大臣が入手することにより行う。

⑤　マイナンバーを利用して事務を行っている行政機関は、行政手続の申請書に記載されたマイナンバーにより照会を行い、情報提供ネットワークシステムを通じて、法務大臣が戸籍関係情報を提供する。

Q3　戸籍関係情報とは具体的にどのような情報か。

A　1　戸籍関係情報とは、①磁気ディスクをもって調製された戸籍又は除かれた戸籍の副本に記録されている情報について所定の電子計算機処理等を行うことにより作成することができる情報であり、かつ、②戸籍又は除かれた戸籍の副本に記録されている者についての他の戸籍等記録者との間の親子関係の存否その他の身分関係の存否に関する情報、婚姻その他の身分関係の形成に関する情報その他の情報のうち、マイナンバー法に基づく情報連携により提供するものとして法務省令で定めるものであって、③情報提供用個人識別符号をその内容に含むものである（マイナンバー法第9条第3項）。具体的には、行政手続における特定の個人を識別するための番号の利用等に関する法律第九条第三項の法務省令で定める情報を定める省令（令和元年法務省令第3号）が制定され、①親子関係の存否及び形成に関する情報、②婚姻関係の存否及び形成に関する情報、③未成年後見関係の存否及び形成に関する情報、④死亡の事実に関する情報、⑤国籍の存否に関する情報、⑥戸籍の異動に関する情報の6つの情報が、戸籍関係情報に係る情報として定められている。

2　親子関係、婚姻関係、未成年後見関係の「存否」に関する情報とは、ある特定の二者間に当該関係があるか否かに関する情報である。具体的には、例えば、AとBとが親子関係にある場合に、A及びBそれぞれの基本情報に、親子関係にあることを示す同一の親子関係記号を割り当て、情報照会者等は、各人の親子関係記号を突合することによって当該二者間に親子関係があるか否かを確認する仕組みが予定されている。

　また、親子関係、婚姻関係、未成年後見関係の「形成」に関する情報とは、出生日や婚姻成立日など、これらの関係の発生原因事実及びその日時に関する情報である。当該特定の個人に係る情報として作成されるものであり、当該関係の相手方が誰であるかといった情報は含まれない。なお、離婚による婚姻解消など、消極的な身分関係の形成も含まれる。

3　「死亡の事実に関する情報」としては、死亡の事実及び死亡の年月日を、「国籍の存否に関する情報」としては、日本国籍の有無、国籍取得の原因及び国籍取得の年月日等を情報連携の対象とすることが予定されている。

Q4　令和元年改正において、マイナンバー制度の下で戸籍情報の連携を行う検討が行われたのはなぜか。

A　1　マイナンバー法は、平成25年5月に成立し、社会保障・税・災害の分野をマイナンバーの利用範囲とし、平成28年1月に運用が開始された。マイナンバー法では、その原始附則において、施行後3年を目途として検討を加え、所要の措置を講ずることとされたところ、累次の閣議決定によって、戸籍事務をマイナンバーの利用範囲とすることについて検討を行うこととされた。

2　この背景には、各種の行政手続において、その給付要件等の基礎となる親子関係等の親族的身分関係を戸籍証明書等によって確認することが必要であるところ、国民の利便性の向上及び行政手続の効率化の双方の観点から、マイナンバー法に基づく情報連携の対象に戸籍に関する情報を追加することによって戸籍証明書等の提出を不要とすることが求められるという事情があった。

3　令和元年改正は、このようなニーズに対応するため、戸籍に関する情報をマイナンバー法に基づく情報連携の対象とするために必要な措置を講ずるものである。

4　なお、マイナンバー制度の導入に向けた検討段階において、全国知事会から戸籍事務もその利用範囲とすることが求められていたが、戸籍事務の電算化が未了の市区町村が相当程度あったことなどの理由から、マイナンバー法の制定の際には、その利用範囲に戸籍事務を含むことは見送られたという経緯がある。

（参考）
○　マイナンバー法原始附則
（検討等）
第6条　政府は、この法律の施行後三年を目途として、この法律の施行の状況等を勘案

し、個人番号の利用及び情報提供ネットワークシステムを使用した特定個人情報の提供の範囲を拡大すること並びに特定個人情報以外の情報の提供に情報提供ネットワークシステムを活用することができるようにすることその他この法律の規定について検討を加え、必要があると認めるときは、その結果に基づいて、国民の理解を得つつ、所要の措置を講ずるものとする。

2〜6　（略）

○　未来投資戦略 2018——「Society 5.0」「データ駆動型社会」への変革（平成 30 年 6 月 15 日閣議決定）

　ⅱ）マイナンバー制度の利便性の向上

　②マイナンバー制度の利活用推進

　・戸籍事務、旅券事務、在外邦人管理業務、証券分野などの公共性の高い業務について、マイナンバー制度の利活用の在り方等の検討結果を踏まえ、結論を得る。その結論を踏まえ、必要な法制上の措置については、国民の理解を得つつ、次期通常国会への提出を目指す。

（参考）戸籍事務をコンピュータ処理する市区町村

○　平成 25 年 5 月 31 日現在（マイナンバー法公布時）

　1897 市区町村中 1759 市区町村（92.73%）

○　令和 6 年 1 月 1 日現在

　1892 市区町村中 1892 市区町村（100%）

Q5　令和元年改正に係る法案提出の経緯は、どのようなものか。

A　1　マイナンバー法は、平成25年5月に成立し、社会保障・税・災害の分野をマイナンバーの利用範囲とし、平成28年1月に運用が開始された。マイナンバー法は、その原始附則において、施行後3年を目途として検討を加え、所要の措置を講ずることとされ、累次の閣議決定によって、戸籍事務をマイナンバーの利用範囲とすることについて検討を行うこととされた。

2　そこで、法務省では、平成26年10月以降、制度面及びシステム面に関する2つの有識者会議（前者は戸籍制度に関する研究会、後者は戸籍システム検討ワーキンググループ）を省内に設置して検討を行い、それぞれ平成29年8月、同年7月に最終取りまとめを行った。

3　これらの経緯を踏まえ、平成29年9月、法務大臣から法制審議会に対し、「国民の利便性の向上及び行政運営の効率化の観点から、戸籍事務にマイナンバー制度を導入し、国民が行政機関等に対する申請、届出その他の手続を行う際に戸籍謄本等の添付省略が可能となるようにするとともに、電子情報処理組織を使用して行う戸籍事務を原則とするための規定及び戸籍の記載の正確性を担保するための規定の整備等、戸籍法制の見直しを行う必要があると考えられるので、その要綱を示されたい。」との諮問（第105号）がされ、同年10月から、戸籍法部会（部会長・窪田充見神戸大学大学院法学研究科教授）における調査審議が開始された。

4　戸籍法部会においては、平成29年10月から平成31年2月まで約15か月の間に合計12回の会議が重ねられた。その間には、平成30年4月に「戸籍法の改正に関する中間試案」が取りまとめられ、同年5月11日から6月11日まで、パブリック・コメントの手続が実施された。このような調査審議の結果として、同部会は、平成31年2月に「戸籍法の改正に関する要綱案」を取りまとめ、法制審議会（総会）において、同月14日、この要綱案

のとおりの内容で「戸籍法の改正に関する要綱」が採択され、法務大臣に答申された。

5　法務省は、この要綱に基づき改正法案を立案し、同年 3 月 15 日、第 198 回国会（平成 31 年通常国会）に改正法案を提出した。

（参考）
○　未来投資戦略 2018——「Society 5.0」「データ駆動型社会」への変革（平成 30 年 6 月 15 日閣議決定）
　ⅱ）マイナンバー制度の利便性の向上
　②マイナンバー制度の利活用推進
　・戸籍事務、旅券事務、在外邦人管理業務、証券分野などの公共性の高い業務について、マイナンバー制度の利活用の在り方等の検討結果を踏まえ、結論を得る。その結論を踏まえ、必要な法制上の措置については、国民の理解を得つつ、次期通常国会への提出を目指す。

○　経済財政運営と改革の基本方針 2018〜少子高齢化の克服による持続的な成長経路の実現〜（平成 30 年 6 月 15 日閣議決定）
　第 3 章　「経済・財政一体改革」の推進
　4.　主要分野ごとの計画の基本方針と重要課題
　(3)　地方行財政改革・分野横断的な取組等
　（国・地方の行政効率化、IT 化と業務改革）
　　（略）
　　戸籍事務などの公共性の高い分野におけるマイナンバー制度の利活用を進めるとともに、情報連携対象事務の拡充を行う。（略）

Q6　法制審議会戸籍法部会の中間試案に関するパブリック・コメントの手続の結果はどのようなものであったのか。

A　1　法制審議会戸籍法部会では、平成30年4月に「戸籍法の改正に関する中間試案」が取りまとめられ、パブリック・コメントの手続が実施された。その結果、日本弁護士連合会、日本司法書士会連合会等のほか、個人を含む様々な主体から、合計50件の意見が寄せられた。

2　法務大臣が戸籍又は除かれた戸籍の副本の情報を利用して連携情報を調製し管理するため、戸籍情報連携システムを構築し、戸籍法にその根拠規定等を設けることについては、反対する意見もあったが、情報連携のためには必要であるとの意見が寄せられた。また、戸籍に記載されている文字が多数あるところ、同定作業をしながら連携情報に使用する文字を整理することについては、多くの賛成意見が寄せられた。

3　市区町村においては届出の受理の審査等のために、管轄法務局においては市区町村が行う戸籍事務への指導等のために、国が構築する戸籍情報連携システムの情報の参照を可能とすることについて、不正な情報の参照等を防止するために十分な方策を講ずることを徹底すべきであるとの意見が寄せられた。

また、戸籍事務の合理化として、届書類を受理した市区町村がこれを電子化し、国が構築する戸籍情報連携システムで参照できるようにすることについて、賛成する意見が多く寄せられた。

4　市区町村及び法務局が現に行っている任意調査について根拠規定を設けることについては、調査方法、限度等を明らかにすべきとの意見が寄せられた。家庭裁判所の許可を得て行う戸籍法第113条及び第114条の戸籍訂正手続に関し、人事訴訟によって戸籍の訂正をすべき事項は対象としないものとすることについては、賛成する意見が多く寄せられた一方で、市区町村長が職権で戸籍訂正を行うことについては、慎重に対応すべきとの意見が多く寄せられた。また、死亡届の届出資格を任意後見受任者にも認めることにつ

いては、賛成の意見が寄せられた。

　5　そのほか、中間試案に記載はなかったものの、戸籍情報連携システム
を構築するという試案を元にして、本籍地以外の最寄りの市区町村でも戸籍
証明書等を交付できるようにする、いわゆる広域交付の実施を求める意見が
多数寄せられたほか、紙の戸籍証明書等を電磁的記録によって提供する制度
を求める意見も寄せられた。

　6　このような意見も踏まえて、戸籍法部会及び法制審議会（総会）で調査
審議がされ、パブリック・コメントの手続により多数の支持を集めた案と同
様の内容の要綱が答申された。改正法は、この要綱の内容に沿って立案され
たものである。

Q7 改正法案の国会における審議の経過及び内容は、どのようなものであったのか。

A 1　改正法案は、令和元年5月10日、衆議院法務委員会において賛成多数により可決され、その後、同月16日開催の衆議院本会議において賛成多数により可決された。

改正法案の送付を受けた参議院においては、同月23日、参議院法務委員会において賛成多数により可決され、その後、同月24日開催の参議院本会議において、賛成多数により可決され、これをもって改正法が成立し、同月31日に公布された。

2　衆議院及び参議院いずれの審議においても、マイナンバー法に基づく情報連携の仕組み、本籍地以外の最寄りの市区町村でも戸籍証明書等の交付請求を可能とする、いわゆる広域交付やマイナンバー制度の情報連携とは異なる形で戸籍証明書等の添付省略を実現する戸籍電子証明書等の提供の仕組みのほか、これらを実現するために構築される新たなシステムに関して情報の漏えいを防止するための保護措置や不正利用の防止策等に関する質疑が多くされた。

Q8　法改正の検討において、具体的にどのような調査が行われたのか。

A　1　法務省内に設置された2つの有識者会議（Q5参照）の検討に資するため、戸籍証明書等の利用実態等に係る調査が行われた。

その結果、戸籍証明書等の利用目的は、①相続関係手続（33.9％）、②年金・社会保険関係手続（9.5％）、③旅券関係手続（5.2％）、④戸籍届出（4.7％）の順に多く、この上位4つで過半数を占めること（53.3％）が判明した。また、利用目的によって必要とされる戸籍証明書等の種別についても、①相続関係手続と②年金・社会保険関係手続は、除かれた戸籍の謄抄本や改製原戸籍謄抄本に対するニーズが多く、③旅券関係手続と④戸籍届出は、現在の戸籍証明書で足りるケースが多いことも判明した^(注)。

2　このため、有識者会議や法制審議会戸籍法部会では、主に上記①〜④の4つをカバーする施策が検討された。具体的には、①相続関係手続については、本籍地以外の最寄りの市区町村長に対し一括して戸籍証明書等の交付請求を可能とする広域交付や、戸籍証明書等の提出に代わる戸籍電子証明書等の提供による戸籍情報の連携を、②年金・社会保険関係手続については、マイナンバー法に基づく戸籍情報の連携を、③旅券関係手続については、戸籍電子証明書の提供による戸籍情報の連携を、④戸籍届出については、戸籍事務における戸籍情報の連携（戸籍事務内連携）をもって対応することとなった。

3　なお、1の調査では、本籍地と住所地との関係について、異なるものが約53％、一致するものが約47％という結果を得ており、広域交付の実施により、国民の利便性が高まることが期待されている。

（注）戸籍制度に関する研究会最終取りまとめ（平成29年8月戸籍制度に関する研究会）8頁、11頁、戸籍システム検討ワーキンググループ最終取りまとめ（平成29年7月戸籍システム検討ワーキンググループ）26頁参照。

Q9 戸籍証明書等の添付省略を目的とする戸籍情報の連携に係る施策には、どのようなものがあるのか。

A **1　マイナンバー法に基づく戸籍関係情報の提供による戸籍証明書等の添付省略**

　法務大臣は、マイナンバー法第19条第8号の情報照会者又は第9号の条例事務関係情報照会者に対し、マイナンバー法に基づいて、内閣総理大臣が設置・管理する「情報提供ネットワークシステム」を通じて、戸籍関係情報を提供することができることとされた（マイナンバー法第19条第8号、第9号、別表第二）。

　そのため、情報照会者等が、マイナンバー法に基づいて、法務大臣から戸籍関係情報の提供を受けた場合には、戸籍証明書等が提出されたものとみなされ（マイナンバー法第22条第2項）、戸籍証明書等の添付が省略できることとなった。なお、情報照会者等が照会できる事務は、社会保障・税・災害の3分野など、マイナンバー法に基づく一定のものに限定されている。

2　戸籍の届出における戸籍証明書の添付省略

　法務大臣が指定する市区町村長（以下「指定市区町村長」という。）は、法務大臣の使用に係る電子計算機と当該指定市区町村長の使用に係る電子計算機とを接続した電子情報処理組織によって、戸籍事務を取り扱うものとされた（戸籍法第118条第1項）。

　この仕組みの下で行われる戸籍事務においては、指定市区町村長が、届出の受理の審査に際して、法務大臣が管理する戸籍又は除かれた戸籍の副本の情報を参照することとしており、そのため、届出人は戸籍証明書等の添付を省略することができることとされた（戸籍法第120条の7、第120条の8等）。

3　戸籍電子証明書等の利用による戸籍証明書等の添付省略

　請求者の求めに応じ、戸籍証明書等の代わりに、戸籍電子証明書等に紐付いた戸籍電子証明書提供用識別符号等を発行することにより、当該請求者がこの戸籍電子証明書提供用識別符号等を行政機関等に提供し、行政機関等が戸籍電子証明書等の内容を確認することができる仕組みが設けられ（戸籍法

第120条の3）、戸籍証明書等の添付が省略できることとされた。なお、1の戸籍証明書等の添付省略と異なり、照会できる事務の分野に限定はない。

（参考）

○　マイナンバー法（令和5年6月現在）

（特定個人情報の提供の制限）

第19条　何人も、次の各号のいずれかに該当する場合を除き、特定個人情報の提供をしてはならない。

一～七　（略）

八　別表第二の第一欄に掲げる者（法令の規定により同表の第二欄に掲げる事務の全部又は一部を行うこととされている者がある場合にあっては、その者を含む。以下「情報照会者」という。）が、政令で定めるところにより、同表の第三欄に掲げる者（法令の規定により同表の第四欄に掲げる特定個人情報の利用又は提供に関する事務の全部又は一部を行うこととされている者がある場合にあっては、その者を含む。以下「情報提供者」という。）に対し、同表の第二欄に掲げる事務を処理するために必要な同表の第四欄に掲げる特定個人情報（情報提供者の保有する特定個人情報ファイルに記録されたものに限る。）の提供を求めた場合において、当該情報提供者が情報提供ネットワークシステムを使用して当該特定個人情報を提供するとき。

九　条例事務関係情報照会者（第九条第二項の規定に基づき条例で定める事務のうち別表第二の第二欄に掲げる事務に準じて迅速に特定個人情報の提供を受けることによって効率化を図るべきものとして個人情報保護委員会規則で定めるものを処理する地方公共団体の長その他の執行機関であって個人情報保護委員会規則で定めるものをいう。第二十六条において同じ。）が、政令で定めるところにより、条例事務関係情報提供者（当該事務の内容に応じて個人情報保護委員会規則で定める個人番号利用事務実施者をいう。以下この号及び同条において同じ。）に対し、当該事務を処理するために必要な同表の第四欄に掲げる特定個人情報であって当該事務の内容に応じて個人情報保護委員会規則で定めるもの（条例事務関係情報提供者の保有する特定個人情報ファイルに記録されたものに限る。）の提供を求めた場合において、当該条例事務関係情報提供者が情報提供ネットワークシステムを使用して当該特定個人情報を提供するとき。

十～十七　（略）

（特定個人情報の提供）

第22条　（略）

2　前項の規定による特定個人情報の提供があった場合において、他の法令の規定により当該特定個人情報と同一の内容の情報を含む書面の提出が義務付けられているときは、当該書面の提出があったものとみなす。

Q10 戸籍情報の連携に係る施策について施行までに5年も要することとされたのはなぜか。

A 1　戸籍情報の連携には、マイナンバー法に基づき情報提供ネットワークシステムを使用して実施されるものや、市区町村間のやりとりを要する戸籍事務の中で実施されるもの（戸籍事務内連携）があるところ、一定のシステム構築が必要であることから、これを正確かつ安全に運用できるようにするため、5年の準備期間が設けられたものである（改正法附則第1条第5号）。

2　具体的には次の準備が必要となる。

(1)　**マイナンバー法に基づく戸籍情報の連携のために必要な準備**

　マイナンバー法に基づく戸籍情報の連携を可能とするためには、戸籍関係情報を作成するためのシステムの開発を行い、その後に、情報提供用個人識別符号の取得及び利用を可能とするためのシステムの開発が必要となる。これらの開発を踏まえ、親子関係の存否等に関する情報を作成し、情報提供用個人識別符号を取得した上で、親子関係の存否等に関する情報との紐付けを行い、戸籍関係情報を作成する必要がある。さらに、情報照会者となる他の行政機関側のシステムの整備も必要となる。

(2)　**戸籍事務内連携のために必要な準備**

　戸籍事務においても、市区町村が戸籍又は除かれた戸籍の副本の情報を参照し、また、本籍地以外での戸籍証明書等の交付請求等を可能とするためには、法務大臣の管理するシステムのみならず、各市区町村が戸籍事務を行うシステムの改修も必要となる。

3　このようなシステム改修のためのプログラム開発に3年程度、戸籍情報の連携のためのテスト等、プログラム開発後の制度の施行のための準備に2年程度の期間を要することから、5年の期間を見込んだものである。

第 2 節　戸籍情報の連携

第 1 款　マイナンバー法に基づく戸籍情報の連携

Q11 マイナンバー法に基づく戸籍情報の連携に関し、戸籍法やマイナンバー法はどのような改正がされたのか（戸籍法第 119 条の 2、第 121 条の 3 関係）。

A　法務大臣がマイナンバー法に基づく戸籍情報の連携を行うことを可能とするために必要な措置が講じられた。具体的には、以下のとおりである。

1　戸籍関係情報の作成及び提供

まず、戸籍法においては、マイナンバー法に基づく情報連携のために作成される戸籍関係情報^(注)について、その作成のために法務大臣が戸籍又は除かれた戸籍の副本に記録されている情報を利用することについての根拠規定を設ける（戸籍法第 121 条の 3）とともに、法務大臣が戸籍副本データ管理システム（後記 Q16 参照）を設置・管理している実態に合わせ、磁気ディスクをもって調製された戸籍又は除かれた戸籍の副本については、法務大臣が保存することを明らかにする改正が行われた（同法第 119 条の 2）。

次に、マイナンバー法においては、戸籍関係情報の提供に必要な限度で、マイナンバー法に基づく情報連携においてマイナンバーに代わって用いられる情報提供用個人識別符号を利用することができることとされた（マイナンバー法第 9 条第 3 項）。

併せて、マイナンバー利用事務としてマイナンバー法別表第二に掲げられている事務のうち戸籍関係情報の提供の対象とすることが適当と認められる利用事務について、戸籍関係情報の照会を可能とするために必要な措置を講ずることとされた（マイナンバー法第 19 条第 8 号、第 9 号、別表第二）。

2　個人情報の保護措置

また、戸籍関係情報の作成に当たっては、戸籍に記録されている者について、いったん名寄せした上で、必要な情報を調製する必要がある。

この過程においては大量の戸籍に関する個人情報を扱うこととなることから、これらの個人情報について、漏えい等を防止するために必要な保護措置を講ずるとともに、目的外の利用について厳格な制限を設けることとされた（マイナンバー法第45条の2）。

3　取得番号の保護措置

併せて、情報提供用個人識別符号を取得する過程において利用される取得番号について、情報提供用個人識別符号の取得以外の目的で個人情報の名寄せに利用されることを防止するため、目的外の利用を厳格に制限するなど、所要の措置を講ずることとされた（マイナンバー法第21条の2）。

（注）戸籍関係情報は、マイナンバー法に基づく情報連携のために、法務大臣が戸籍又は除かれた戸籍の副本に記録されている情報を活用して作成する親子関係等の親族的身分関係の情報であり、情報提供用個人識別符号を内包するものである（マイナンバー法第9条第3項）。このため、マイナンバー法で定義されている。

戸籍関係情報を作成する上で、戸籍又は除かれた戸籍の副本情報をもとにして作成された素材の情報についても、「戸籍関係情報作成用情報」とされ、その作成に関する事務の秘密についての保護措置等が求められている（マイナンバー法第45条の2）。

戸籍関係情報作成用情報や取得番号は、マイナンバーとは異なるが、その取扱いについて、個人情報保護委員会の監督等を受けることとされている（マイナンバー法第45条の2第9項及び第21条の2第8項）。

Q12 マイナンバー法に基づく戸籍情報の連携の対象となる行政手続としては、具体的にどのようなものがあるのか。

A 1　令和6年3月1日の施行日から、健康保険の被扶養者の認定、児童扶養手当の認定、国民年金の被保険者資格の審査等、マイナンバー法の別表に掲げられている項目のうち社会保障関係の70項目（607手続）の事務において順次、戸籍関係情報が提供される予定である。

2　戸籍関係情報が提供される具体的な例は、次のとおりである（マイナンバー法別表第二関係。括弧内は、提供することが想定される戸籍関係情報）。
① 健康保険の被扶養者の認定・検認（親子関係、婚姻関係）
② 児童扶養手当の認定（親子関係、婚姻関係）
③ 健康保険の被保険者が死亡した場合の埋葬料に係る受給資格の確認（死亡の事実）
④ 奨学金の返還免除・返還猶予の可否の確認（死亡の事実）
⑤ 公営住宅の優先入居の要件の確認（親子関係、婚姻関係）
⑥ 国民年金の被保険者資格の取得・喪失の審査（婚姻関係、婚姻・離婚の時期）
⑦ 奨学金の貸与・支給の審査（親子関係、未成年後見関係、国籍の有無）

3　例えば、婚姻をしないで子を出産した母親（シングルマザー）が児童扶養手当の申請をする場合には(注)、申請手続において母と子のマイナンバーを提供することにより、戸籍証明書等の添付が省略可能となる（マイナンバー法第22条第2項）。

4　なお、マイナンバー法に基づく情報連携は、マイナンバー法に定める情報照会者等が取り扱う事務において求められる各種申請書等に申請者等がマイナンバーを記載する必要はあるが、既にマイナンバー自体は付番されていることから、マイナンバーカードを保有していない者についても、マイナンバーさえ分かれば、マイナンバー法に基づく戸籍情報の連携による添付書類の省略は可能である。

　（注）婚姻中に懐胎した子について婚姻解消後に児童扶養手当の申請をする場合には、その子が申請者である母とその前夫との間の子であることが要件となる（児童扶養手当法第4条第1項第1号イ）。なお、母と子のマイナンバーを基にして、子の父が母の前夫であることを確認することはできない（子と父との関係（母と前夫との関係）を確認するためには、当該父（前夫）のマイナンバーの提供も必要となる。）。

Q13 電算化以前の除かれた戸籍及び改製原戸籍についても、マイナンバー法に基づく情報連携の対象となるのか。

A　1　マイナンバー法に基づく戸籍情報の連携を行うためには、内閣総理大臣が設置・管理する情報提供ネットワークシステムを利用することが求められることから（マイナンバー法第 21 条）、戸籍情報がテキストデータ化されている必要がある。

　しかし、戸籍事務をコンピュータ化する前の除かれた戸籍及び改製原戸籍については、戸籍情報がテキストデータ化されておらず、画像データとして保存されているにすぎない。そのため、画像データ化された古い除かれた戸籍等を戸籍情報の連携に用いるためには、手作業でテキストデータ化の整備を行う必要がある。また、そもそも平成 27 年 10 月以前に死亡した者にはマイナンバーが付番されていないことから、戸籍情報の連携の対象とはならない。

　そのため、画像データ化されているにすぎない古い除かれた戸籍等については、テキストデータ化されていないため、戸籍情報の連携の対象にならない。

　2　もっとも、画像データについて一切テキストデータ化しないとすれば、市区町村のコンピュータ化の時期によって、戸籍情報の連携が可能な者とそうでない者とが混在することになり、混乱を生じさせることとなる。

　そこで、テキストデータ化のニーズ及びこれに要する費用等を考慮し、比較的若年者の親子関係の存否を確認する必要がある児童扶養手当の受給申請の事務に対応するため、令和 5 年 1 月 1 日時点において未成年である子については、親子関係の存否及び形成に関する情報等（Q3 参照）を作成するために必要な除かれた戸籍の情報を全てテキストデータ化することが予定されている。

　3　なお、相続関係手続等については、多くの場合において古い除かれた戸籍等が必要となるが、費用対効果の観点から、全ての戸籍情報を網羅的にテキストデータ化することは困難であると考えられる。そこで、令和元年改正

においては、戸籍情報の連携とは別に、相続の際の戸籍証明書等の収集に対する負担を軽減することも目的として、本人等が本籍地以外の市区町村に対しても一括して戸籍証明書等の交付を請求することができることとされた（戸籍法第120条の2）。

4　なお、戸籍事務のコンピュータ化に当たり、戸籍は磁気ディスクをもって調製することとなったところ、従前の紙の戸籍に氏又は名の文字が誤字で記載されている者から、誤字に対応する正字で記録し直すことを欲しない旨の申出があったことにより紙のまま編製されている戸籍（いわゆる改製不適合戸籍。平成6年11月16日付民二第7000号民事局長通達第1の2参照）については、テキストデータ化することができないため、マイナンバー法に基づく戸籍情報の連携の対象とはしていない。

[戸籍情報連携システムを活用した施策のイメージ]

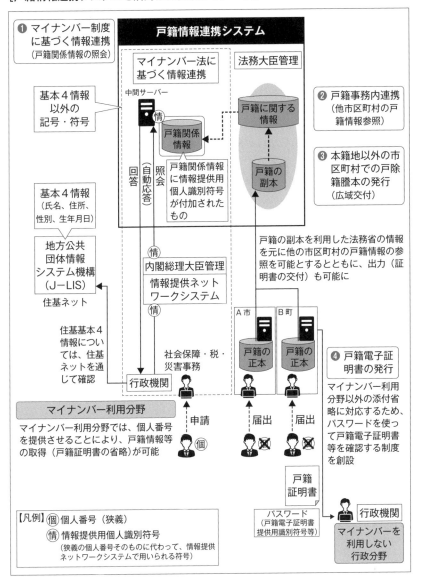

第2款　戸籍事務における戸籍情報の連携（戸籍事務内連携）

Q14　令和元年改正において、戸籍事務にマイナンバーを利用しないこととしたのはなぜか。

A　1　令和元年改正では、マイナンバーは、戸籍の記載事項とはせず、戸籍事務においては、マイナンバーは利用しないこととしている。これは、戸籍と12桁のマイナンバーそのものとを紐付けることにより、マイナンバーを通じて戸籍の情報が漏えいするのではないかという懸念の声や、マイナンバー制度の下では、行政機関内部においてのみ用いられ、かつ、機関ごとに異なる符号である「情報提供用個人識別符号」を用いることで他の行政機関からの照会に対応できるのではないかという意見があったほか、マイナンバーを使って戸籍事務に必要な氏名、生年月日等の本人確認情報をやりとりできないという制約があったためであり、戸籍とマイナンバーとを直接紐付けない方策を採ることとされた(注)。

2　具体的には、マイナンバー法に基づく情報連携については、12桁のマイナンバーを戸籍の情報と紐付けるのではなく、法務省において、いわゆる基本4情報（氏名、住所、生年月日及び性別）を含まない、記号や符号から成る戸籍関係情報を準備した上で、行政機関からのマイナンバー法に基づく照会に対応することとされている（マイナンバー法第9条第3項、第21条の2、第22条第1項）。

（注）法務大臣は、マイナンバー法第19条第8号又は第9号の情報連携に用いるために、12桁のマイナンバーを変換して各行政機関ごとに与えられる情報提供用個人識別符号のみを保有し、12桁のマイナンバーそのものは保有しない。
　こうした仕組みは、法制審議会戸籍法部会において、戸籍とマイナンバーとを直接紐付けることについて強い懸念が示されていたことも踏まえ、各府省間で調整して検討されたものである。なお、こうした整理により、戸籍事務内連携は、マイナンバーを利用しない方法で実施することとなった。

Q15 マイナンバー法に基づく戸籍情報の連携と戸籍の届出の際の戸籍証明書等の添付省略とは、どのように関係するのか（戸籍法第 120 条の 7、第 120 条の 8 関係）。

A　1　現在、各市区町村が戸籍事務を処理するために利用している戸籍情報システムは、各市区町村において個別に構築、運用されており、各市区町村間をネットワークで接続するものではないため、他の市区町村の戸籍情報を確認することはできない。そのため、例えば、本籍地以外の市区町村に婚姻届を提出する場合、提出を受けた市区町村においては届出人の戸籍情報を確認することができず、届出人に対し、自らの戸籍証明書を提出するよう求めている（戸籍法第 100 条第 2 項等）。

2　しかし、マイナンバー制度の下で戸籍関係情報を提供する仕組みを構築するに当たって、戸籍事務は、国のシステムと各市区町村のシステムとを接続する新たな電子情報処理組織（戸籍法第 118 条第 1 項）を利用して取り扱うこととされたことにより、市区町村においても、法務大臣がシステムで管理している戸籍又は除かれた戸籍の副本情報を利用し、市区町村間で情報のやりとりをしているのと同じ効果がもたらされることとなる（戸籍情報連携システム。後記Q16 参照）。そのため、戸籍の届出の際の戸籍証明書等の添付省略についても、この仕組みを活用することとされた。

3　これにより、令和元年改正において、国民の利便性の向上や、戸籍事務処理の効率化の観点から、厳格な保護措置を設けた上で（戸籍法第 121 条の 2、第 132 条、第 133 条）、市区町村長は、新たな電子情報処理組織によって戸籍事務を取り扱うこととし（同法第 118 条第 1 項）、戸籍の届出の際の戸籍証明書等の添付省略（同法第 120 条の 7、第 120 条の 8 等）、本籍地以外の市区町村長に対する戸籍証明書等の交付請求（同法第 120 条の 2）をすることが可能となった。

Q16 法務省において新たに構築する、いわゆる戸籍情報連携システムとはどのようなものか（戸籍法第118条第1項関係）。

A 　1　戸籍情報連携システムは、行政機関や他の市区町村との間で戸籍情報の連携をすることを可能とするための法務大臣の使用に係る電子計算機である。戸籍事務を管掌する市区町村長は、その使用に係る電子計算機（戸籍情報システム）と戸籍情報連携システムとを電気通信回線で結び、戸籍事務を取り扱う限りにおいて、戸籍情報連携システムを利用することができる（戸籍法第118条第1項）。この戸籍情報連携システムは、一から作り込むというものではなく、大規模災害に備え、バックアップの目的で戸籍又は除かれた戸籍の副本を保存している既存の戸籍副本データ管理システム[注]の仕組みを活用・発展させるもので、システム構築の合理化が図られている。

　2　まず、マイナンバー法に基づく情報連携を可能とするために、法務大臣が、既に管理している戸籍又は除かれた戸籍の副本の情報を利用して、戸籍関係情報を作成するための機能、情報提供用個人識別符号の取得及び利用を可能とするための機能、マイナンバー法に基づいて戸籍関係情報を提供する機能を備えることとしている。そのため、これらの機能を追加するための改修が予定されている。

　3　また、戸籍事務においても、市区町村が戸籍又は除かれた戸籍の副本の情報を参照し、また、本籍地以外の市区町村での戸籍証明書等の交付請求等を可能とするための機能（戸籍事務内連携のための機能）を備える必要があり、法務大臣の管理するシステムのみならず、各市区町村の戸籍情報システムの改修も予定されている。

　（注）戸籍副本データ管理システム
　戸籍副本データ管理システムは、全国の市区町村が管理する戸籍情報（正本データ）をバックアップするため、その副本データを法務大臣が管理するシステムであり、平成25年から稼動している。

　戸籍の正本は市区町村に備え置き、その副本は管轄法務局又は地方法務局又はその支局において保存するとされている（戸籍法第8条第2項）ところ、平成23年3月11日に発生した東日本大震災において、宮城県及び岩手県の4市町*の戸籍の正本が滅失した際には、管轄法務局等において保存されていた戸籍の副本等により、戸籍の正本を速やかに再製することができた。

　もっとも、市区町村と管轄法務局等とは近接地にあるため、大規模災害時においては、戸籍の正本と副本とが同時に滅失する危険があった。

　そのため、こうした危険を防止する観点から、東日本の市区町村の戸籍の副本データを西日本で、西日本の市区町村の戸籍の副本データを東日本でというように、全国2か所において、戸籍の情報を持ち合い、遠隔地でのバックアップを行う、戸籍副本データ管理システムが設けられた。

　＊　宮城県本吉郡南三陸町、宮城県牡鹿郡女川町、岩手県陸前高田市、岩手県上閉伊郡大槌町。平成23年4月25日に各市町の戸籍については再製を完了し、同年5月中には、各市町の戸籍情報システムが稼動するに至った。

Q17 令和元年改正において、法務大臣が戸籍の副本を保存することとする規定が置かれたのはなぜか（戸籍法第119条の2関係）。

A 1　戸籍の副本は、管轄法務局若しくは地方法務局又はその支局が保存するとされているところ（戸籍法第8条第2項）、東日本大震災の教訓を踏まえ、コンピュータ化された戸籍については、戸籍副本データ管理システムにおいて遠隔地で保存することとしている。

実際、この戸籍副本データ管理システムは、法務大臣により設置・管理されている。

2　一方、令和元年改正において、マイナンバー法に基づく戸籍情報の連携のために法務大臣が戸籍関係情報を作成するとともに、戸籍事務においても戸籍副本データ管理システムを発展させた戸籍情報連携システムを利用することが予定されている。

3　そのため、現に法務大臣が戸籍副本データ管理システムを設置・管理している実情と、今後、法務大臣が設置・管理する戸籍情報連携システムを活用してマイナンバー法に基づく戸籍情報の連携や戸籍事務における戸籍情報の連携を行うことを踏まえ、法務大臣が磁気ディスクをもって調製された戸籍又は除かれた戸籍の副本を保存することを法制上明らかにしたものである。

Q18　令和元年改正によって、戸籍事務の取扱いはどのように変わるのか。

A　1　法務大臣の指定を受けた指定市区町村長は、これまでも電子情報処理組織をもって戸籍事務を取り扱うことができたが、それは、飽くまでも当該市区町村内で事務を完結させるためのものであった。しかし、令和元年改正により、法務大臣の使用に係る電子計算機と指定市区町村長の使用に係る電子計算機とを接続した電子情報処理組織によって、戸籍事務を取り扱うものとされた（戸籍法第118条第1項）。この電子情報処理組織によって戸籍事務を取り扱う場合における法務大臣の使用に係る電子計算機がいわゆる戸籍情報連携システムである。

2　この戸籍情報連携システムの下で行われる戸籍事務においては、指定市区町村長は、届出の受理の審査に際して、法務大臣が管理する戸籍又は除かれた戸籍の副本の情報を参照することができることとしている。そのため、届出人は、戸籍の届出において必要とされていた戸籍証明書等の添付を省略することができるようになり（戸籍法第120条の7、第120条の8等）、併せて、従前の本籍地の市区町村長による戸籍証明書等の交付事務も不要となるなど、戸籍事務の効率化も図られることとなる。

　また、現在、各指定市区町村長が独立して管理する個々の戸籍情報システムを利用して、戸籍証明書等を交付していることから、本籍地の市区町村長に対してのみ戸籍証明書等の交付を請求することができるとされているところ、法務大臣が管理する戸籍又は除かれた戸籍の副本情報を出力することによって、戸籍に記載されている者、その配偶者、直系尊属、直系卑属といった「本人等」について、本籍地以外の指定市区町村長に対しても、戸籍証明書等の交付請求をすることができることとされた（戸籍法120条の2。広域交付）。

　さらに、法務大臣が管理する戸籍又は除かれた戸籍の副本情報を活用して、行政機関に提供する電子的な戸籍証明書等（戸籍電子証明書等）とこれに紐付いたパスワードである戸籍電子証明書提供用識別符号等（戸籍電子証明書提供用識別符号及び除籍電子証明書提供用識別符号）を発行する仕組みが設

けられ、本人等については、本籍地以外の指定市区町村長に対しても、戸籍証明書等の交付請求に代え、戸籍電子証明書等の提供の請求をすることができることとされた（戸籍法120条の3）。なお、各種申請等手続を行っている行政機関が戸籍電子証明書提供用識別符号等の提供を受け、戸籍電子証明書等の内容を確認できれば、戸籍証明書等の添付省略が可能となる（情報通信技術を活用した行政の推進等に関する法律（平成14年法律第151号。以下「デジタル手続法」という。）第11条）。

3　現在、戸籍の届書類については、届出を受理した市区町村から、戸籍の記載をすべき市区町村へ郵送することとしているところ、届書類を受理した指定市区町村長は、今回新たに構築する電子情報処理組織を利用して、届書等情報を作成し、法務大臣に提供し、戸籍の記載をする指定市区町村長がその届書等情報を利用できるようにすることで、届書類の郵送事務を行わないこととされた（戸籍法第120条の4、第120条の5）。

4　このように、令和元年改正によって、戸籍事務を管掌する指定市区町村長は、他の市区町村の戸籍又は除かれた戸籍の副本情報を参照したり、出力したりすることができるようになるほか、届書類の郵送処理が不要になるなど、戸籍事務の取扱いが変更されることになるが、これは、国民の側からみれば、届出の際に戸籍証明書等の添付が省略可能となる上、本人等であれば、どの指定市区町村長に対しても戸籍証明書等の交付請求（戸籍電子証明書等については、戸籍電子証明書提供用識別符号等の発行請求）ができるといったメリットのある変更であり、国民の利便性の向上と戸籍事務の効率化が図られることが期待されている。

Q19 令和元年改正において、電子情報処理組織を使用して戸籍事務を行うことを原則とするための規定の整備を行わなかったのはなぜか。

A 1　平成29年9月の法制審議会に対する諮問においては、「電子情報処理組織を使用して行う戸籍事務を原則とするための規定……の整備等」についても見直しの必要があるものとされていた。

2　ところで、令和元年改正前の戸籍法第118条第1項においては、法務大臣の指定を受けた指定市区町村長は、電子情報処理組織を利用して戸籍事務を取り扱うことが「できる」と規定されていたが、戸籍事務内における戸籍又は除かれた戸籍の副本の利用やマイナンバー法に基づく戸籍情報の連携を実現するためには、戸籍に記録されている情報が電子化されている必要がある。

3　そこで、令和元年改正では、規律を改め、法務大臣の指定を受けた指定市区町村長は、電子情報処理組織を利用して戸籍事務を取り扱う「ものとする」として、指定市区町村長は、原則として電子情報処理組織を利用して戸籍事務を行うこととされた。

4　もっとも、法務大臣の指定を受けた時点において既に除かれている戸籍については、電子化する必要がないものとされており、また、各市区町村の戸籍事務においても、紙による戸籍又は除かれた戸籍を取り扱う事務が一定程度残存し、今後もこれが皆無となるまでには、なお相当の期間を要することが見込まれている。

　このため、令和元年改正では、電子情報処理組織を使用して戸籍事務を行うことを原則とするための規定の整備は行わないこととされた。

　なお、指定市区町村長において電子情報処理組織によって取り扱うことが相当でない戸籍を法務省令で定めることとし、例外的に電子情報処理組織によって取り扱う必要がない戸籍が存在することを法律上明らかにしている。

第3款　広域交付について

Q20 本籍地以外の市区町村長に対して戸籍証明書等の交付請求を認める制度（いわゆる広域交付）の概要は、どのようなものか（戸籍法第120条の2関係）。

A 1　令和元年改正前においては、戸籍証明書等については、本籍地の市区町村長に対してしかその交付を請求することができないため、住所地と本籍地とが異なる場合、本籍地の市区町村の窓口で交付請求を行うか、郵送で交付請求を行うしかない。そのため、特に相続等の手続のために複数の戸籍証明書等を必要とする場面において、戸籍証明書等を収集する労力が大きいという声があった。

2　そこで、令和元年改正では、法務大臣の使用に係る電子計算機と指定市区町村長の使用に係る電子計算機とを接続する電子情報処理組織を利用して、戸籍に記載されている者、その配偶者、直系尊属、直系卑属といった、本人等について[注1]、本籍地以外の指定市区町村長に対しても、戸籍証明書等の交付請求をすることができることとされた（戸籍法第120条の2）。

こうした取扱いは、実務上、「広域交付」と呼ばれているところ、そのメリットは、最寄りの市区町村窓口において戸籍証明書等の交付請求ができる点のほか、転籍等により、複数の市区町村にまたがって本籍地を移転している場合でも、一括して一つの市区町村窓口で戸籍証明書等の交付を受けられる点にある。もっとも、戸籍証明書等の交付請求を受ける市区町村の側から見た場合には、特に精通していない他の市区町村を本籍地とする戸籍の情報を探索する必要があり、事務処理に一定の負担を伴うものである。

本籍地以外の市区町村においては、他の市区町村を本籍地とする戸籍について戸籍証明書等の交付請求を認めてよいかを判断することになるため、本人確認を厳格化する必要があり、この本人確認は、マイナンバーカードや運転免許証といった写真付き身分証明書をもって行うこととしている[注2]。こうした事情から、郵送請求（戸籍法第10条第3項）や代理人による請求（戸籍法第10条の3第2項）は認められていない。

3　広域交付は、本籍地以外の市区町村の担当者が、窓口で必要に応じて、本人等とやりとりをしながら、土地勘のない地域を含めて本籍地の戸籍を探索し、当該本人等が必要とする戸籍証明書等を一括して交付する運用が予定されている。

　広域交付が利用される場面の多くは、自己の現在戸籍を本籍地以外（住所地）で取得しようとする場面や、相続関係等を証明する必要がある場面であると想定されるところ、配偶者、直系尊属、直系卑属についても広域交付が認められていることから、代理人による請求を認めることとしなくとも、交付請求をしようとする者に過度の負担を生じさせることはないと考えられる。

　なお、本籍地の市区町村長に対する戸籍証明書等の請求については、従来どおり、郵送や代理人による請求が認められる。

　（注1）本籍地の市区町村長に対する戸籍証明書等の交付請求においては、一定の要件の下、本人等以外の者による請求（いわゆる第三者請求）を認めているが（戸籍法第10条の2）、広域交付については、請求の主体を本人等に限定している。これは、都市部の指定市区町村長等、一部の特定の市区町村長に対する請求が集中し、戸籍証明書等の交付に係る事務負担が過度に増大しかねないことへの懸念の声があった上、第三者請求については、一定の要件を満たす必要があり、本人等請求に比べて判断が難しいものであって審査が煩雑になること、第三者請求によらなくても、本人等がそれぞれ広域交付により取得した戸籍証明書等を持ち寄って遺産分割協議等を行うこともできること、一度の手続により広範な戸籍証明書等を取得することが可能となることから、戸籍に関する情報の保護を図る必要性がより高まること等を考慮したものである。

　（注2）広域交付について厳格な本人確認を求めている趣旨は、広域交付を認めることにより一度の手続により広範な戸籍証明書等を取得することが可能となることから、現在の戸籍証明書等の交付手続と比較して、戸籍に関する情報の保護を図る必要性がより高まることを考慮したものである。

Q21 本籍地以外の市区町村で戸籍証明書等の交付請求をする場合、どのような手続が必要となるのか（戸籍法第120条の2関係）。

A 本籍地以外の指定市区町村長に対して戸籍証明書等の交付請求を行う際の本人確認の手法としては、マイナンバーカードや運転免許証等の写真付き身分証明書の提示が必要である[注]。

これは、本籍地以外の市区町村において交付請求を認めて良いかを判断しなければならないことのほか、広域での交付を認めることにより一度の手続により広範な戸籍証明書等を取得することが可能となるため、現在の戸籍証明書等の交付手続と比較して、戸籍に関する情報の保護を図る必要性がより高まることを考慮したものである。

　（注）戸籍窓口における請求の任に当たっている者の本人確認方法については、現状、戸籍法施行規則第11条の2第1項において、①写真付き身分証明書を1通提示する方法、②写真付き身分証明書を提示できない場合は、国民健康保険証等の証明書を2通提示する方法、③これらの証明書を提示できない場合には、戸籍の記載事項について説明する方法等、市区町村長が適当と認める方法のいずれかにより本人確認を行っている。

Q22 広域交付によって交付される戸籍証明書等は、どのようなものか。本籍地で交付される戸籍証明書等と本籍地以外の市区町村長が交付する戸籍証明書等との間に違いはあるのか（戸籍法第120条の2関係）。

A 1　本籍地の市区町村長に対して戸籍証明書等の交付請求を行った場合には、本籍地の市区町村長名義で認証文が付されるが、本籍地以外の市区町村長に対して戸籍証明書等の交付請求を行った場合には、当該本籍地以外の市区町村長名義で認証文が付される。これは、認証文は、証明書の交付に当たって、当該証明書の内容を認証するものであるところ、広域交付の請求を受けて交付する戸籍証明書等の内容を証明し、これを発行するのは、請求を受けた市区町村長であるからである。このため、請求に係る手数料も広域交付の請求を受け、戸籍証明書等を交付する市区町村が徴収するものとされている。

2　もっとも、広域交付の請求を受けた場合に交付する戸籍証明書等は、戸籍又は除かれた戸籍の副本を利用して作成されるものであり、内容的には本籍地で交付されるものと本籍地以外で交付されるものに違いはないことから(注)、本籍地の市区町村長に対して戸籍証明書等の交付請求を行った場合と、本籍地以外の市区町村長に対して戸籍証明書等の交付請求を行った場合とでは、認証文を除けば、証明される内容について違いはない。

（注）広域交付による戸籍証明書等については、本籍地の市区町村で管理している戸籍に係る戸籍証明書等をPDF化したものを利用して交付することが予定されていることから、戸籍証明書等に用いられている文字も本籍地で管理している文字が表示されることになる。

Q23　コンビニ交付サービスと広域交付とは、どのように違うのか（戸籍法第120条の2関係）。

A　1　コンビニ交付サービス（以下「コンビニ交付」という。）は、請求者が在籍する現在の戸籍に係る戸籍証明書について、コンビニエンスストアのキオスク端末（マルチコピー機）を利用して、マイナンバーカードを使って交付請求することができるサービスであり、各市区町村の判断により導入されている。

　このコンビニ交付は、戸籍法第10条第1項の請求として、本籍地の市区町村長に対して戸籍証明書の交付を請求するものである。

　なお、コンビニ交付を利用するに当たり、本籍地と住所地とが異なる場合には、当該本籍地の市区町村においてコンビニ交付を実施していることが前提となるほか、利用予定者が事前に、利用者登録申請を行い(注)、申請を受けた本籍地の市区町村においてマイナンバーカードに記録されたシリアル番号と戸籍情報の紐付けを行う必要がある。

　2　他方、令和元年改正により導入される広域交付は、戸籍法第120条の2の規定に基づき、本籍地以外の市区町村長に対して戸籍証明書等の交付を請求するもので、データ化されていれば従前の戸籍も対象となる。そして、この広域交付の請求については、請求先の市区町村長が本籍地の市区町村長でない場合でも、コンビニ交付のように事前に利用者登録をする必要はない。

　3　このように、コンビニ交付と広域交付とは、法的根拠、請求先の市区町村長、請求の方法、戸籍証明書の対象（現在の戸籍のみか従前の戸籍も含まれるか。）等の点において異なるものである。

　（注）利用者登録申請においては、コンビニエンスストアのマルチコピー機又は自宅等からインターネットを利用して、マイナンバーカードに格納された署名用電子証明書の認証を受けた上で、本籍、筆頭者氏名、連絡先電話番号等の必要事項を入力する等の作業が必要となる。

第4款　戸籍電子証明書等について

Q24 戸籍電子証明書等の提供に関する手続の概要は、どのようなものか（戸籍法第120条の3関係）。

A 戸籍電子証明書等の提供に関する手続は次のとおりである。

1　戸籍電子証明書等とは、磁気ディスクをもって調製された戸籍又は除かれた戸籍に記録された事項の全部又は一部を証明した電磁的記録をいい（戸籍法第120条の3第1項）、指定市区町村長は、この戸籍電子証明書等の請求[注1]があったときは、当該請求をした者に対し、事務処理に当たって戸籍の情報を必要とする行政機関等において戸籍電子証明書等を閲覧するために必要となるパスワードである戸籍電子証明書提供用識別符号等[注2]を発行する（同条第2項）[注3]。

2　戸籍電子証明書提供用識別符号等の発行を受けた者は、戸籍証明書等の提出が求められている行政手続の申請等の際に、戸籍証明書等の提出に代えて戸籍電子証明書提供用識別符号等を行政機関等に提供する。戸籍電子証明書提供用識別符号等の提供を受けた行政機関等は、当該戸籍電子証明書提供用識別符号等を利用して、当該戸籍電子証明書提供用識別符号等に対応する戸籍電子証明書等が保存されている閲覧用のサーバーにアクセスし、当該戸籍電子証明書等の提供を受けることになる（戸籍法第120条の3第3項）。これにより、行政機関等が戸籍電子証明書等の内容を確認することができた場合には、申請等において戸籍証明書等を提出する必要がなくなる（デジタル手続法第11条）。

（注1）戸籍電子証明書等

戸籍電子証明書は、いわば電子版の戸籍証明書であり、戸籍電子証明書提供用識別符号の発行請求が本籍地以外の指定市区町村長に対して行われる場合には、いわゆる広域交付と同様に、請求の主体を本人等（戸籍法第10条第1項に規定する者）に限定し（同法第120条の3第1項）、郵送での請求及び代理請求は認めないこととされている（同条第4項）。除かれた戸籍に関する「除籍電子証明書」も同様である。

（注2）戸籍電子証明書提供用識別符号等

　戸籍電子証明書提供用識別符号は、戸籍法第120条の3第1項の規定によりする同法第10条第1項の請求に係る戸籍電子証明書を識別することができるように付される符号であって、法務省令で定めるものをいう（戸籍法第120条の3第2項）。除籍電子証明書に係る「除籍電子証明書提供用識別符号」も同様である。

　これらの戸籍電子証明書提供用識別符号等については、発行後一定期間（3か月を想定）に限って有効なものとして発行することを予定している。

（注3）戸籍電子証明書提供用識別符号等のオンライン請求

　戸籍電子証明書提供用識別符号等の発行については、戸籍証明書等の請求をオンラインにより可能とする仕組みが構築されていない市区町村においては、令和元年改正の施行当初は、窓口において発行手続を行うことも想定されるところであるが、マイナポータルを利用したり、市区町村においてオンライン手続により戸籍電子証明書提供用識別符号等の発行を可能とするようなシステムが構築されたりすれば、直接オンライン請求を行うことも可能となると考えられる。

[戸籍電子証明書等に係る制度のイメージ]

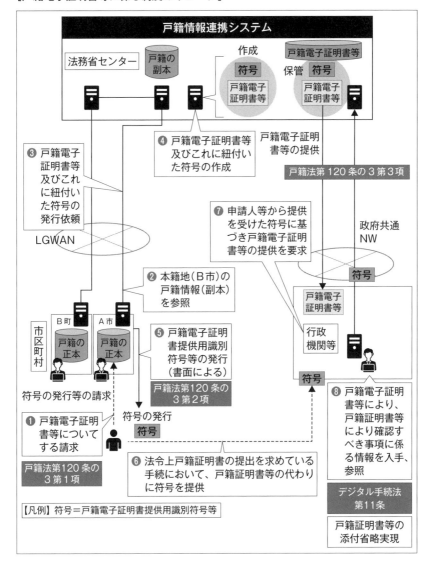

Q25 戸籍電子証明書提供用識別符号等の発行を制度化したのはなぜか（戸籍法第120条の3関係）。

A　令和元年改正により、法務大臣は、マイナンバー法に基づき戸籍関係情報を提供することができるようになり、マイナンバー法が対象としている行政事務の分野においては、必要な戸籍関係情報を確認することができるようになる（戸籍法第121条の3、マイナンバー法第19条第8号及び第9号）。

　一方、テキストデータ化されていない戸籍の副本からは、戸籍関係情報を作成することが困難であるところ、テキストデータ化されていない戸籍の情報を必要とする行政事務もある。また、マイナンバー法に基づく戸籍情報の連携においては、氏名、住所、生年月日及び性別という基本4情報を含む情報をやりとりしない運用となっていることから、戸籍証明書等と同様の情報をやりとりすることができないという制約も存在する。

　さらに、マイナンバー法に基づく戸籍情報の連携の対象とされていない行政事務にあっては、そもそもマイナンバー法に基づく戸籍情報の連携ができないため、電磁的に戸籍関係情報を確認する手段はなく、今後、各種行政手続においてオンライン申請を進めるに当たり、障害となり得ると考えられた。

　そこで、マイナンバー法に基づく戸籍情報の連携では対応することができない各種行政手続のオンライン申請において、戸籍証明書等の添付省略を実現するため、戸籍電子証明書等及び戸籍電子証明書提供用識別符号等の制度が設けられたものである。

Q26 請求者に対して直接戸籍電子証明書等を発行せずに、戸籍電子証明書提供用識別符号等を発行することにしたのはなぜか（戸籍法第 120 条の 3 関係）。

A 　令和元年改正においては、請求者に対して、直接戸籍電子証明書等を交付するのではなく、戸籍電子証明書提供用識別符号等というパスワードを発行し、そのパスワードを、各種申請等の行政手続を取り扱う行政機関に提供することで、当該行政機関が戸籍電子証明書等の提供を受けることができるという仕組みとしている（戸籍法第 120 条の 3）。

　このような仕組みとしているのは、戸籍の情報という機微な情報を、例えば、インターネット等で請求者に直接交付するのではなく、いわゆるバックオフィスで、閉じた回線によって行政機関に提供することのほうが安全であると考えられたからである。

　なお、請求から提供までの手続の流れを法律に明記したのは、手続の流れが理解され、戸籍の情報をインターネットにおいて一般的にやりとりしているのではないか、という懸念を払拭できると考えられたことによるものである。

Q27 戸籍電子証明書等は、どのような場面で利用されることが想定されているのか（戸籍法第120条の3関係）。

A 戸籍電子証明書等については、現在の戸籍のほか、画像データ化されている従前の戸籍に記録された内容も証明の対象となるところ、現在の戸籍に係る戸籍電子証明書については、旅券手続や運転免許の更新手続の場面で利用されることが想定されている。

　今後は、従前の戸籍に係る除籍電子証明書を含む戸籍電子証明書等について、様々な相続手続で利用されることが期待されている。

第5款　届書等情報について

Q28　届書等情報の提供に関する手続の概要は、どのようなものか（戸籍法第120条の4～第120条の6関係）。

A　1　現状、戸籍の届出は、所在地の市区町村など、本籍地以外の市区町村においてもすることができるとされているため、届出を受理した市区町村長は、戸籍の記載をすべき本籍地の市区町村長に、届書やその添付書類（届書類）を送付しなければならない（戸籍法施行規則第25条及び第26条）。

　また、戸籍の届出に際して、届書は、届出地分のほか、戸籍の記載をすべき市区町村がある場合には、その市区町村分をも提出しなければならないとされているところ（戸籍法第36条第1項及び第2項）、相当と認めるときは、届出を受理した市区町村において、届書の謄本を作成して、戸籍の記載をすべき市区町村に送付することが可能であり（同条第3項）、一般的には、受理地の市区町村において届書類の謄本が作成されている。

　なお、戸籍の記載が終了した後は、当該市区町村の区域を本籍地とする戸籍に関する届書類については、1箇月ごとに管轄法務局等に送付され、それ以外の届書類については、その市区町村において当該年度の翌年から1年間保存される（戸籍法施行規則第48条第2項及び第3項）。

　2　令和元年改正により、届書類を受理した市区町村においては、その届書類を画像データ化して届書等情報を作成し、市区町村のシステムと国のシステムとを接続した電子情報処理組織を利用して法務大臣に提供し、法務大臣がその届書等情報を磁気ディスクに記録することとされた（戸籍法第120条の4）。

　その上で、届書等情報の提供を受けた法務大臣は、戸籍の記載をすべき市区町村長に通知することとし（戸籍法第120条の5）、通知を受けた市区町村においては、届書等情報を参照して戸籍の記載をすることとされた。また、届書等情報の内容を表示したものの閲覧や、届書等情報の内容についての証明書の交付について、届出を受理した市区町村長及び戸籍の記載をした市区町村長に対して求めることができることとされた（同法第120条の6）。

3　こうした届書等情報の取扱いにより、届出人に複数の届書の提出を求める必要がなくなるとともに、届出を受理した市区町村においては、戸籍の記載をすべき市区町村に対して届書類を郵送する事務が不要となるだけでなく、迅速に戸籍に記載し、正確な親族的身分関係を公証することも可能となる。さらに、戸籍に記載した後に届書類を管轄法務局等に送付する事務が不要となるなど、国民にとって利便性が高まるだけでなく、戸籍事務の効率化も図られると考えられる。

Q29 市区町村長は、戸籍の届出があった場合、具体的に届書類をどのように取り扱うことになるのか（戸籍法第120条の4〜第120条の6関係）。

A 　市区町村長は、戸籍の届出がされた場合、その届出を受理できるか否かの審査を行い、法令に照らして受理できると判断した場合には、その届出を受理する。

　届出を受理した指定市区町村長は、届書及びその添付書類（届書類）を画像データ化して届書等情報を作成し、法務大臣が設置・管理する戸籍情報連携システムに提供し、法務大臣が届書等情報を保存する（戸籍法第120条の4）。

　そして、法務大臣は、その届出に関して戸籍の記載をすべき指定市区町村長があるときは、その指定市区町村長に対して届書等情報の提供を受けた旨を通知する（戸籍法第120条の5第1項）。通知を受けた指定市区町村長は、戸籍情報連携システムに保存された届書等情報を参照し、必要な戸籍の記載を行うことになる。

　このように、届書類については、届出を受理した後は、電子データのやりとりがされるのみで、他の市区町村や管轄法務局等へ送付することがなくなる。また、届書等情報の内容についての証明書は、届出を受理した指定市区町村長又は戸籍の記載を行った指定市区町村長に対して請求することとなる（戸籍法第120条の6）。

Q30　届書等に記載されている事項の証明書の請求手続について、法改正の前後でどのような違いがあるのか（戸籍法第120条の6関係）。

A　現状、紙の届書等に記載されている事項の証明書については、戸籍法第48条第2項の規定に基づき、交付の手続が行われている。

　令和元年改正においては、届書等情報の内容についての証明書について、戸籍法第48条第2項の特例として、第120条の6の規定が新設され、受理地の指定市区町村長及び戸籍の記載（記録）をした指定市区町村長のいずれに対しても請求することができることとされ、この点が異なる。

　他方、戸籍法第120条の6第2項において、郵送請求や代理人による請求を認めており、この点について差異はない。

Q31 届書等情報の内容を表示したものについての閲覧又は証明書の請求について、届出を受理した市区町村長又は戸籍の記載をした本籍地の市区町村長に対してのみすることができるとした理由は何か（戸籍法第 120 条の 6 関係）。

A 1　現状、届書等は紙であることを前提に、利害関係人が特別の事由がある場合に限り、その届書等を保存している機関に対して、その届書等の閲覧又はその内容の証明書を求めることができるとされている（戸籍法第 48 条第 2 項）。そのため、届書等が市区町村にある場合にはその市区町村に対し、管轄法務局等に送付された後はその管轄法務局等に対し、届書等の閲覧又はその内容の証明書を求めることができる。

2　届書等情報については、届出を受理した指定市区町村長が作成し、戸籍の記載（記録）をすべき指定市区町村長が届書等情報を参照して、戸籍の記載を行うこととしている（戸籍法第 120 条の 4、第 120 条の 5）。届書等情報は、戸籍の記載をするために必要な情報であって、戸籍よりも機微な情報が記載されているため、その届書等情報に無関係な市区町村長が自由にアクセスできるとするのは相当でない。そのため、届書等情報にアクセスできる指定市区町村長は、届書等情報を作成した受理地の指定市区町村長及び戸籍の記載をした指定市区町村長に限定することとした(注)。そこで、届書等情報の内容を表示したものの閲覧又は証明書についても、国民の利便性の観点と、届書等情報が機微な情報を含むものであることを考慮し、届書等情報を作成した指定市区町村長又は戸籍に記載するために届書等情報を参照した指定市区町村長に請求先を限定することとされたものである（同法第 120 条の 6）。

（注）戸籍法第 120 条の 6 は、国民から見てどの市区町村長に対して請求を行えば良いのかを明らかにした規定である。なお、受理地でも本籍地でもない、その他の市区町村においては、同法第 120 条の 5 の通知を受けない上、事務処理に無関係な届書等情報にアクセスすることはできないことになっていることから、そもそも届書等情報を参照したり、出力したりすることはできない。

第6款　秘密の漏えいを防止するための保護措置等

Q32　戸籍の情報連携をするに当たり、令和元年改正において、個人情報の保護についてどのような措置が講じられているのか（戸籍法第121条、第121条の2、第132条、第133条関係）。

A　1　新たに構築される戸籍法第118条第1項の電子情報処理組織においては、法務大臣の使用に係る電子計算機と指定市区町村長の使用に係る電子計算機とをつなぎ、広範な戸籍に関する情報を取り扱うことになることから、戸籍の情報が漏えいすることがないようにするため、行政機関相互間の閉じたネットワークの中で情報を送受信すること（インターネット等の公衆回線を使用しない。）、行政機関の他のコンピュータ・システムとの間では強固なファイアーウォールを設置すること等、システム上、万全の対策を採ることとしている。

2　その上で、戸籍の情報の漏えい、不正利用等を防止するため、既存の個人情報の保護に関する法律（平成15年法律第57号。以下「個人情報保護法」という。）による措置に加えて、以下のような規定を戸籍法やマイナンバー法に設けることとし、セキュリティの確保に万全を期している。

① 電子情報処理組織の構築に係る事務等に関する秘密漏えいの防止措置等（戸籍法第121条関係）

電子情報処理組織の構築、維持管理及び運営に関する事務に携わる法務大臣及び指定市区町村長に対し、その事務に関する秘密について漏えい防止等、適切な管理のために、電子情報処理組織の安全性、信頼性を確保する等の必要な措置を講ずべき義務を課すこととされた。

② 電子情報処理組織の構築に係る事務の従事者等の秘密保持義務（戸籍法第121条の2、第132条関係）

同様に、電子情報処理組織の構築、維持管理及び運営に係る事務に現に従事する者やかつて従事していた者に対して、秘密保持義務を課した上で、これに違反して秘密を漏らし、又は盗用した場合について罰則を設けることとされた。

③ 戸籍事務に関して知り得た事項の不正利用に対する罰則（戸籍法第

133 条関係）

　さらに、令和元年改正により、戸籍事務の処理に当たって他の市区町村の戸籍も含めた広範な戸籍に関する情報を取り扱うこととなることから、戸籍に関する事務に現に従事する市区町村の職員やかつて従事していた職員又は市区町村長の委託を受けて戸籍に関する事務に現に従事している者やかつて従事していた者が、戸籍事務に関して知り得た事項を自己若しくは第三者の不正な利益を図る目的で提供し、又は盗用した場合について、罰則を設けることとされた[注]。

　（注）国（法務省）の職員については、個人情報保護法に基づき、保有個人情報の目的外利用について、1 年以下の懲役又は 50 万円以下の罰金に処することとされており（個人情報保護法第 180 条）、既に、職員による個人情報の不正利用について、必要な措置が講じられている。このため、戸籍法第 133 条は、法務省の職員又は法務大臣の委託を受けて行う戸籍に関する事務の処理に従事している者等は対象としていない。

Q33 電子情報処理組織の構築等に関する事務の秘密について、その安全性及び信頼性を確保するため、どのような保護措置が講じられているのか（戸籍法第121条関係）。

A　新たに構築される戸籍法第118条第1項の電子情報処理組織は、全国民の戸籍又は除かれた戸籍の副本の情報を取り扱うものであり、その情報の範囲やその内容を踏まえると、電子情報処理組織の構築等に関する事務において安全性及び信頼性を確保するための保護措置が必要となる。

　特に、電子情報処理組織の機器構成や設定等、暗号アルゴリズム、暗号、復号に関する情報等が漏えいした場合には、電子情報処理組織の機器等の脆弱な部分が明らかになり、その部分に対する攻撃を受けると、電子情報処理組織全体が危険にさらされ、情報漏えいの危険も高まることとなる。

　そのため、電子情報処理組織の構築等の事務に関する秘密を保護することを目的に、①組織的保護措置として職員研修、安全管理者の設置等が、②物理的保護措置として立入制限、防災対策等が、③技術的措置として情報の暗号化を行うこと等が想定されている。

Q34 市区町村の職員が業務に不必要な戸籍の情報を参照することをどのように防止するのか（戸籍法第 121 条、第 121 条の 2、第 132 条、第 133 条関係）。

A 1　戸籍法第 118 条第 1 項の電子情報処理組織においては、広範な戸籍に関する情報を取り扱うことになることから、市区町村の職員が業務に不必要な戸籍の情報を不正に参照することを防止するため、システム上、警告の表示、証跡ログの保存等の対応を採ることとしている。

2　その上で、戸籍の情報の漏えい、不正参照等を防止するため、既存の個人情報保護法による措置に加えて、前記 Q32 の A に記載した①電子情報処理組織の構築に係る事務等に関する秘密漏えいの防止措置等（戸籍法第 121条関係）、②電子情報処理組織の構築に係る事務の従事者等の秘密保持義務（同法第 121 条の 2、第 132 条関係）、③戸籍事務に関して知り得た事項の不正利用に対する罰則（同法第 133 条関係）に係る規定を設けることとして、セキュリティの確保に万全を期している。

第3節　その他の改正事項

第1款　調査権

Q35 市区町村長や管轄法務局長等の調査権に関する規定を設けたのはなぜか（戸籍法第3条第3項、第27条の3関係）。

A 　1　市区町村長及び管轄法務局長等がそれぞれの戸籍に関する事務を行うに当たって、関係者に対して質問等の調査をすることが必要となる場面があるところ、そのような調査を行うことについて法律上の明確な根拠規定が設けられていなかった[(注)]。

2　しかし、戸籍事務においては、戸籍の届出や申請等の場面において、届出や申請について疑義が生じた場合や添付書類が不足しているような場合など、届出や申請を受理することができるか否かを判断するために、届出人、申請者、関係者等に対して、市区町村の職員が必要な事項を質問したり、必要な書類の提出を求めたりすることがあり、そうした調査は従来から任意的な調査として行われてきた。そして、戸籍事務を円滑に進める観点からは、調査の対象となる者に対して当該調査の行政目的を明らかにし、市区町村長や管轄法務局長等が行う調査について法律上の根拠を明確にすることが望ましいと考えられる。

3　そこで、調査の対象となる者に対して当該調査の行政目的を明らかにし、もって、戸籍に係る事務処理を円滑に進めることを可能とする等の観点から、市区町村長及び管轄法務局長等が戸籍に関する事務を行うために必要な調査を行うことについて、法律上の根拠を明確にする規律を設けることとされた（戸籍法第3条第3項、第27条の3）。なお、この改正は、令和元年6月20日から施行されている（改正法附則第1条本文）。

（注）市区町村長による調査権については、令和元年改正前の戸籍法施行規則において根拠規定が設けられていたが、管轄法務局長等による調査権については法令上の根拠規定

はなかった。

　なお、これらの調査は、実務上、任意調査として行われていたものであり、調査に応じない者に過料等を科すこととはされていないところ、改正後も、法律上の根拠規定を明確にするにとどまり、任意調査としての性質自体は変更されない。

（参考）

○　令和元年改正前の戸籍法施行規則（昭和22年司法省令第94号）

第63条　市町村長は、届出又は申請の受理に際し、戸籍の記載又は調査のため必要があるときは、戸籍の謄本又は抄本その他の書類の提出を求めることができる。

第2款　死亡届の届出資格拡大

Q36　死亡届の届出資格者が拡大されたのはなぜか（戸籍法第87
条第2項関係）。

A　1　令和元年改正前は、任意後見人は死亡届の届出資格者とされて
いたが、任意後見契約^(注)を締結しているものの任意後見監督人が
選任される前に本人が死亡したため、任意後見受任者の地位にとどまる者は
届出資格者とはされていなかった（令和元年改正前の戸籍法第87条第2項）。

2　しかし、近年の高齢化社会に鑑みると、任意後見契約を締結する者がま
すます増加することが見込まれるが、任意後見受任者であっても本人と相応
に密接な関係を有することが通常であって、任意後見人と同様、本人の死亡
について迅速・的確な報告ができる立場であることに実質的な違いはないも
のと考えられる。そこで、任意後見受任者についても死亡届の届出資格を認
めることとされた（戸籍法第87条第2項）。なお、この改正は、令和2年5
月1日から施行されている（改正法附則第1条第2号）。

（注）任意後見契約について
　任意後見契約は、本人が十分な判断能力があるうちに、将来、判断能力が不十分な状態
になった場合に備えて、あらかじめ自らが選んだ代理人（任意後見人）に、自分の生活、
療養看護や財産管理に関する事務について代理権を与える契約であり、公正証書によって
作成される。これにより、本人の判断能力が低下した後に、任意後見人が、任意後見契約
で決めた事務について、家庭裁判所が選任する「任意後見監督人」の監督の下で本人を代
理して契約等をすることによって、本人の意思に従った適切な保護・支援をすることが可
能になる。
　なお、任意後見人になることの委任を受けた者は、家庭裁判所において任意後見監督人
が選任されることにより初めて、任意後見人として本人の代理人としての事務を行うこと
ができるようになるものであり、任意後見監督人が選任されるまでの間は、任意後見契約
の当事者として「任意後見受任者」たる地位にとどまる。

第3款　戸籍訂正手続

Q37 市区町村長の職権による戸籍訂正手続に関する改正の概要は、どのようなものか（戸籍法第24条関係）。

A 1　令和元年改正前は、市区町村長が戸籍の記載を訂正すべき事由を発見した場合の手続として、裁判所への申立て[注]を促すために届出人等に通知をすることとしており、この通知をしても戸籍訂正の手続をとる者がいない場合に初めて、管轄法務局長又は地方法務局長の許可を得た上で、市区町村長による職権訂正を認めていた（令和元年改正前の戸籍法第24条第1項及び第2項）。

2　しかし、訂正すべき内容及び事由が客観的に明白である場合にまで、裁判所への申立てを促すことは、手続として負担が重すぎるとの指摘があった。また、裁判所への申立てを促しても、当事者による適切な申立てがされない場合には、客観的に戸籍に誤りがあることが明白であれば、結局、管轄法務局長又は地方法務局長の許可を得て、市区町村長が職権で戸籍の訂正を行っており、手続としても迂遠であった。そこで、訂正すべき内容及び事由が客観的に明白である場合には裁判所への申立てを促す通知をせずに、市区町村長の職権によって戸籍の訂正ができるものとされた（戸籍法第24条第1項ただし書及び第2項）。

3　また、令和元年改正前の戸籍実務においては、法務省民事局長通達により、一定の場合には、逐一管轄法務局長又は地方法務局長の許可を得ずに、市区町村長限りで戸籍訂正手続を行うことができるものとされていたところ、このような実務の運用について、法律上の根拠を明らかにすることとした（戸籍法第24条第3項）。なお、この改正は、令和2年5月1日から施行されている（改正法附則第1条第2号）。

　(注)　裁判所への申立てとしては、家庭裁判所に対する戸籍訂正審判の申立て（戸籍法第113条、第114条）と確定判決（人事訴訟の判決等）による戸籍訂正に結びつく人事に関する訴え等（同法第116条）がある。

Q38　裁判所による戸籍訂正手続に関する改正の概要は、どのようなものか（戸籍法第114条関係）。

A　1　従来、戸籍法第114条においては、届出によって効力を生ずべき行為（創設的届出に係る行為）が無効である場合につき家庭裁判所の訂正許可審判を経て戸籍訂正手続を採ることができる旨定められており、人事訴訟において判断されるべき事柄であっても、法文上は適用が排除されていなかった。

2　しかし、創設的届出に係る行為のうち、婚姻、養子縁組等の身分関係の有無については、人事訴訟手続において判断されるべきものであり、家庭裁判所の訂正許可審判によることは相当ではなく、実務上も、このような解釈に従った運用がされていたところ、このような解釈を明確化するため、令和元年改正において、人事訴訟手続において判断されるべき事項については戸籍法第114条の戸籍訂正手続による適用対象から除外することとされた。

創設的届出に係る行為であって、家庭裁判所の訂正許可審判によるべきものとしては、婚氏続称（戸籍法第77条の2）、転籍届（同法第108条）、分籍届（同法第100条）等がある。なお、この改正は、令和元年6月20日から施行されている（改正法附則第1条本文）。

第4節　施行期日及び経過措置

Q39　令和元年改正が何段階にも分かれて施行されるのはなぜか（改正法附則第1条関係）。

A　**1**　新たに構築される戸籍法第118条第1項の電子情報処理組織の構築に係る事務等に関する秘密漏えいの防止措置等、改正法が成立した後直ちに施行する必要がある規律については、改正法附則第1条本文において、公布の日から起算して20日を経過した日から施行することとしているが、他方、同条各号において、規律の内容に応じて、異なる施行日を定めることとしている[注1]。

2　これは、①関連する他の法律の改正との関係で調整を要する改正規定があること、②法務省において新たに構築するシステムの整備に応じて施行日を定める必要がある改正事項があること、③システムの整備に影響を受けない改正事項（戸籍法第24条、第44条及び第87条第2項）についても、省令や通達の見直しや戸籍事務従事者に対する周知のために一定の期間を要するものがあることによるものである[注2]。

3　最も遅い施行日は、戸籍情報連携システムの稼動を前提とするもので、公布の日から起算して5年を超えない範囲内において政令で定める日とされている（改正法附則第1条第5号）。

（注1）速やかに施行する必要がある一方で、必要最低限の周知期間を確保する必要があることから、公布日当日ではなく、公布の日から起算して20日を経過した日（令和元年6月20日）から施行されている規律の概要は、以下のとおりである。

①　新たに開発すべき電子情報処理組織に係る事務等に関する秘密の保護措置（戸籍法第121条、第121条の2）及び電子情報処理組織の構築に係る事務等に関する秘密の漏えい・盗用についての罰則（同法第132条）

②　戸籍事務に関して知り得た事項の不正利用についての罰則（同法第133条）

③　趣旨の明確化、修辞的な形式改正等、国民の権利・義務に影響を及ぼさない規定

（同法第1条、第3条、第27条の3、第87条第1項、第101条、第104条の3、第114条、第118条、第119条、第119条の2、第120条、第122条、第124条（「管轄法務局長等」に改める部分に限る。）、134条～第140条）

（注2）改正法附則第1条各号において定められている各規律の施行日について、具体的には以下のとおりである。

①　改正法では、マイナンバー法の改正に伴い住民基本台帳法（昭和42年法律第81号）の改正も行われたところ、同一の国会に提出された、情報通信技術の活用による行政手続等に係る関係者の利便性の向上並びに行政運営の簡素化及び効率化を図るための行政手続等における情報通信の技術の利用に関する法律等の一部を改正する法律（令和元年法律第16号。以下この項において「行政手続オンライン化法等改正法」という。）中、住民基本台帳法の改正に係る部分を改正する必要が生じたことから、行政手続オンライン化法等改正法を改正する改正法附則第15条については、同法の公布の日と改正法の公布の日のいずれか遅い日が施行日とされた（改正法附則第1条第1号）。なお、当該施行日は、令和元年5月31日である。

②　戸籍法の改正事項のうち、法務省において新たに構築する戸籍情報連携システムの整備に関係しないものであって、戸籍事務の処理の在り方に影響し、省令や通達の見直し等を検討する必要があるもの（戸籍訂正手続の見直し（戸籍法第24条、第44条）、死亡届の届出資格者の拡大（同法第87条第2項））については、改正法の公布の日から起算して1年を超えない範囲内において政令で定める日が施行日とされた（改正法附則第1条第2号）。なお、当該施行日は、令和2年5月1日である。

③　戸籍関係情報の作成に関する規律（戸籍法第121条の3）については、システムの開発に要する期間を考慮し、公布の日から起算して3年を超えない範囲内において政令で定める日が施行日とされた（改正法附則第1条第3号）。なお、当該施行日は、令和3年9月13日である。

これは、マイナンバー法に基づく情報連携のために提供される戸籍関係情報を作成するに当たっては、夫婦及びその間の子を一単位として編製されている戸籍又は除かれた戸籍に記録されている情報を、個人単位に整理した上で、当該個人やその親族等が記載されている戸籍又は除かれた戸籍に記録されている情報とを相互に突合させなければ作成することができず、この作業には相応の期間を要することによるものである。

④　マイナンバー法に基づく情報連携のために必要な情報提供用個人識別符号の取得に関する規律については、前記行政手続オンライン化法等改正法による住民基本台帳法等の関連規定の改正が前提となっていることから、システムの開発に要する期間を考慮するとともに、関連規定の施行日との調整を行う観点から、戸籍関係情報の作成に関する規律（戸籍法第121条の3）の施行日と、関連規定の施行日とのいずれか遅い日が施行日とされた（改正法附則第1条第4号）。なお、当該施行日は、令和4年1

月 11 日である。

⑤　マイナンバー法に基づく情報連携の開始及び戸籍事務内における戸籍又は除かれた
戸籍の副本の情報の利用に関する規律等（戸籍法第 120 条の 2 ～第 120 条の 8、第
124 条、第 128 条～第 130 条、第 135 条、第 136 条及び第 139 条）については、法務
省において新たに構築する戸籍情報連携システムが全て完成し、その運用を開始する
ことが可能となる期間を見込んで、公布の日から 5 年を超えない範囲内において政令
で定める日が施行日とされた（改正法附則第 1 条第 5 号）。なお、施行日は、令和 6
年 3 月 1 日である。

　　これは、マイナンバー法に基づく情報連携の開始に当たっては、戸籍関係情報を全
国民分について作成するとともに、全国民について情報連携のために用いられる情報
提供用個人識別符号を取得することが必要であり、システムの開発後、相応の準備期
間を要すること、また、戸籍事務内において法務大臣が保存する戸籍又は除かれた戸
籍の副本を利用するためのシステムの整備は、戸籍関係情報の作成や情報提供用個人
識別符号の取得のためのシステム整備と並行して行うことが予定されており、いずれ
のシステムも、法務大臣のみならず、全国の市区町村長の戸籍に関するシステムの改
修が必要となることが考慮されたものである。

Q40 令和元年において、令和元年改正（戸籍情報の連携等）のほか、戸籍法についてどのような改正がされたのか。

A 1　令和元年には、情報通信技術の活用による行政手続等に係る関係者の利便性の向上並びに行政運営の簡素化及び効率化を図るための行政手続等における情報通信の技術の利用に関する法律等の一部を改正する法律（令和元年法律第16号。以下「行政手続オンライン化法等改正法」という。）附則第15条において、行政手続等における情報通信の技術の利用に関する法律（平成14年法律第151号）の適用における特則を規定した戸籍法第130条の規定の改正が行われている（施行日は、令和元年12月16日）。

これは、前記行政手続オンライン化法等改正法第1条による行政手続等における情報通信の技術の利用に関する法律の一部改正により、戸籍法において引用していた「行政手続等における情報通信の技術の利用に関する法律」の題名が「情報通信技術を活用した行政の推進等に関する法律」（デジタル手続法）に改められるとともに、行政手続等における情報通信の技術の利用に関する法律の第3条が第6条に条ずれする等の改正がされたことに伴い、改正されたものである。具体的には、戸籍法第130条の規定において、引用する法律の題名を「情報通信技術を活用した行政の推進等に関する法律」と改めるとともに、引用する条項を「第3条」から「第6条」に改めるほか適用除外規定を整理する改正が行われている。

2　また、同じく、行政手続オンライン化法等改正法第1条による行政手続等における情報通信の技術の利用に関する法律の一部改正において、他の法令の規定において申請等に際して添付することが規定されている政令で定める書面等について、行政機関等が政令で定める措置により当該書面等により確認すべき事項に係る情報を入手し、又は参照することができる場合には、添付することを要しないこととする添付書面等の省略の規定が設けられ（デジタル手続法第11条）、行政手続における添付書面省略が推進されることとなった。なお、令和元年改正によって、デジタル手続法第11条により添付を省略することができる書面として戸籍又は除かれた戸籍の謄本又は抄本が追加された（改正法附則第8条）。

第2章 | 令和2年改正～令和4年改正

Q41　令和2年において、戸籍法についてどのような改正がされたのか。

A　令和2年には、外国弁護士による法律事務の取扱いに関する特別措置法の一部を改正する法律（令和2年法律第33号）附則第8条において、職務上行われる戸籍謄本等の交付請求を規定した戸籍法第10条の2第3項及び第4項第1号・第6号の規定の改正が行われている（施行日は、令和4年11月1日）。

　これは、外国弁護士による法律事務の取扱いに関する特別措置法の一部を改正する法律第2条による外国弁護士による法律事務の取扱いに関する特別措置法（昭和61年法律第66号）の一部改正において、弁護士・外国法事務弁護士共同法人制度の創設に関する改正があったことに伴い、改正されたものである。

　具体的には、戸籍法第10条の2第3項及び第4項第1号・第6号の規定において、戸籍謄本等の請求主体について「弁護士・外国法事務弁護士共同法人」を追加する等の改正が行われている。

Q42　令和3年において、戸籍法についてどのような改正がされたのか。

A　1　まず、デジタル社会の形成を図るための関係法律の整備に関する法律（令和3年法律第37号。以下「デジタル社会形成整備法」という。）第7条によって行われた押印義務の見直しに係る改正（戸籍法第29条、第33条、第37条第2項及び第3項、第38条第1項及び第2項、第55条）と、デジタル社会形成整備法の附則第18条によって戸籍法第121条の3及び第129条の改正が行われている。

　具体的な内容については、実質改正を伴うとともに、改正の構造がやや複雑であるため、第2編の逐条解説に詳しく説明することとしたので、そちらを参照されたい。

2　そのほか、令和3年には、特許法等の一部を改正する法律（令和3年法律第42号）附則第11条において、職務上行われる戸籍謄本等の交付請求を規定した戸籍法第10条の2第3項及び第4項第6号の規定の改正が行われている（施行日は、令和4年4月1日）。

　これは、特許法等の一部を改正する法律第8条による弁理士法（平成12年法律第49号）の一部改正において、所定の業務を行うことを目的として、同法の定めるところにより、弁理士が設立する法人の名称を「特許業務法人」から「弁理士法人」に変更する改正があったことに伴い、改正されたものである。

　具体的には、戸籍法第10条の2第3項及び第4項第6号の規定において、戸籍謄本等の請求主体について「特許業務法人」を「弁理士法人」と改める改正が行われている。

Q43 デジタル社会形成整備法において、戸籍法の押印義務規定の見直しを行ったのはなぜか。

A 1　行政手続における押印義務一般について、古くから見直しが求められており(注)、第1章の令和元年改正における改正法案の検討の際にも、戸籍法上、押印を求めている規定の見直しも検討されていた。

　しかし、当時は、押印規定を存続すべしとの意見もあり、改正が見送られた経緯がある。

2　その後、新型コロナウイルス感染症の拡大の中で、給付金の支給に遅れが生じる等、行政手続のデジタル化の遅れが指摘されるとともに、押印のために出社することに消極的な世論の後押しを受けて、デジタル社会形成整備法の改正において、全省庁横断的に、押印を義務とする規定の見直しをすることとなった。

　令和3年における、押印義務の見直しに係る戸籍法の改正は、この政府方針に従って行われたものである。

（注）参考
○「押印見直しガイドライン」（平成9年7月3日事務次官等会議申合せ）（抄）
　申請・届出に伴う行政手続を簡素化し国民負担を軽減するとともに、地方公共団体における押印見直しの取り組みを支援するため、「申請負担軽減対策」（平成9年（1997年）2月10日閣議決定）に基づき、下記のとおり押印見直しガイドラインを定め、これに沿って各省庁が国民（法人を含む。以下同じ。）に求めている押印の在り方を見直し、廃止を含めた合理化を行う。
　その際、押印の廃止が、申請・届出の電子化・ペーパーレス化に資する点にも留意するものとする。
　（中略）
2　見直しの方針
　(2)　署名に押印を求めている場合
　　　原則として押印を廃止し、署名のみでよいこととする。
　（以下略）
○総務省「許認可等申請手続の簡素合理化に関する行政評価・監視結果に基づく勧告」（平成14年3月）（抄）
　（前略）

1　申請書等の記載事項及び添付書類の見直し

　　（中略）

　したがって、関係府省は、申請書等の記載事項及び添付書類について、申請者の負担軽減を図る観点から、次の措置を講ずる必要がある。

　　（中略）

4．申請書等に記名押印を求めているものについては、記名のみ又は署名によるものを認めるよう見直すとともに、不要な押印があるものについては、窓口において、押印が不要な旨教示すること。また、記名押印が不要であるにもかかわらず、これを求めている行政庁に対して、記名押印を求めないよう指導すること。（金融庁、厚生労働省、国土交通省）

　　（以下略）

Q44 令和４年において、戸籍法についてどのような改正がされたのか。

A 令和４年には、刑法等の一部を改正する法律の施行に伴う関係法律の整理等に関する法律（令和４年法律第68号）第３条において、戸籍法第132条から第134条までの罰則の改正が行われている（施行日は、令和７年６月１日）。

これは、刑法等の一部を改正する法律（令和４年法律第67号）第２条による刑法（明治40年法律第45号）の一部改正において、懲役及び禁錮を廃止し、これらに代えて拘禁刑を創設する改正があったことに伴い、改正されたものである。

具体的には、戸籍法第132条から第134条までの規定において、「懲役」を「拘禁刑」と改める改正が行われている。

第3章 令和5年改正（氏名の振り仮名の法制化等）

第1節　総論

Q45　令和5年改正の概要は、どのようなものか。

A 1　令和5年6月2日に成立した「行政手続における特定の個人を識別するための番号の利用等に関する法律等の一部を改正する法律」（令和5年法律第48号。以下この章において「改正法」という。）の一部として、戸籍法の一部が改正されることとなった。改正法による戸籍法改正（以下「令和5年改正」という。）の主な内容は、戸籍の記載事項について、現行の氏名に加え、新たにその読み方としての振り仮名を追加するとともに、これに関連する諸手続を整備するものである。

2　令和5年改正の概要は以下のとおりである。

⑴　戸籍の記載事項等

戸籍、戸籍の届書及び棄児発見調書の記載事項として氏名の振り仮名を追加し、氏名の振り仮名の読み方は、氏名として用いられる文字の読み方として一般に認められているもの（以下「一般の読み方」という。）でなければならないものとする。

⑵　氏名の変更に関する事項

氏又は名を変更しようとするときは、氏又は名及びそれらの振り仮名を変更することについて家庭裁判所の許可を得て、その許可を得た氏又は名及びそれらの振り仮名を届け出なければならないものとする。

(3)　氏名の振り仮名の変更

　やむを得ない事由によって氏の振り仮名を変更しようとするときは、戸籍の筆頭に記載した者及びその配偶者は、家庭裁判所の許可を得て、その旨を届け出なければならないものとし、正当な事由によって名の振り仮名を変更しようとする者は、家庭裁判所の許可を得て、その旨を届け出なければならないものとする。

(4)　現に戸籍に記載されている者に係る氏名の振り仮名の収集についての経過措置

　①　改正法の施行（改正法附則第1条第3号の規定による施行をいう。以下同じ。）の際現に戸籍に記載されている戸籍の筆頭者は氏の振り仮名の届出を、現に戸籍に記載されている者は名の振り仮名の届出を、それぞれ施行の日（同号による施行の日をいい、以下「施行日」という。）から1年以内にすることができる。

　②　戸籍の筆頭者又は戸籍に記載されている者が氏名として用いられる文字の読み方として一般の読み方以外の読み方を使用しているときは、①の届出に代えて現に使用している氏の読み方又は名の読み方を示す文字を届け出ることができる。

　③　施行日から1年以内に届出がされない場合には、本籍地の市区町村長は、施行日から1年を経過した日に、氏名の振り仮名又は現に使用されていると認められる一般の読み方以外の氏の読み方又は名の読み方を示す文字（以下合わせて「氏名の振り仮名等」という。）を戸籍に記載する。

　④　本籍地の市区町村長は、施行日後遅滞なく、改正法の施行の際現に戸籍に記載されている者（以下、「既に戸籍に記載されている者」という。）に対し、氏名の振り仮名等を通知する。

　⑤　③の規律に基づき本籍地の市区町村長により戸籍に記載された氏名の振り仮名等は、一度に限り、家庭裁判所の許可を得ずに、届出のみで変更することができる。

　⑥　②又は⑤において、現に使用している一般の読み方以外の氏の読み方又は名の読み方を示す文字を届け出る場合には、その読み方が通用していることを証する書面を提出しなければならない。

［令和5年改正の概要］

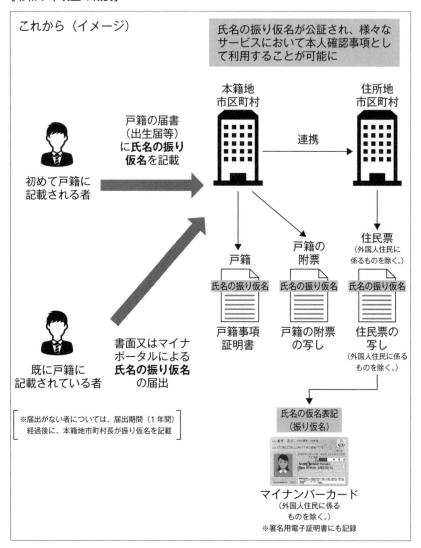

Q46　戸籍に氏名の振り仮名を記載することが必要とされたのはなぜか。

A　1　行政機関等が保有する「氏名」の情報の多くは漢字であるところ、同じ漢字でも様々な字体があるほか、外字が使用されている場合にはデータベース化の作業が複雑で、特定の者の検索に時間を要するという指摘や、金融機関等において氏名の振り仮名が本人確認のために利用されている場合があるところ、複数の振り仮名を使用して別人を装い、各種規制を潜脱しようとするケースがあることを懸念する声もあった。

　このため、行政のデジタル化を推進するに当たり、氏名の振り仮名を特定の時点で一つに特定し、公証する必要があるとして、デジタル社会形成整備法附則第73条において、政府として、氏名の振り仮名を戸籍の記載事項とすることを含めた検討を行い、その結果に基づいて必要な措置を講ずるものとされた。

　2　また、「デジタル・ガバメント実行計画」（令和2年12月25日閣議決定）において、政府のマイナンバー施策の一つとして、2024年（令和6年）からマイナンバーカードを海外でも利用可能とするという方針が示され、その際、マイナンバーカードの券面に、氏名のほか、氏名のローマ字表記を記載することを念頭に、氏名の振り仮名に法的根拠を与えるために法制化が必要であるとして、氏名の振り仮名を戸籍の記載事項とすることを含めた検討が求められていた。これは、戸籍と住民基本台帳とが（住民基本台帳法第7条第5号及び第9条第2項等）、住民基本台帳とマイナンバーカードとが（マイナンバー法第16条の2等）、それぞれ法制上連携していることから、戸籍の記載事項として氏名の振り仮名を追加することを契機に住民基本台帳にも氏名の振り仮名が記載され、さらに住民基本台帳を基調とするマイナンバーカードにもこれを活用することが期待されたものである。

　3　こうしたことから、戸籍に記載されている氏名に加え、新たに氏名の振り仮名も戸籍の記載事項とすることとされたものである。

Q47　令和5年改正に係る法案提出の経緯は、どのようなものか。

A　1　行政のデジタル化を推進するに当たり、氏名の振り仮名を特定の時点で一つに特定し、公証する必要があるとして、前述（Q46）のデジタル・ガバメント実行計画やデジタル社会形成整備法附則第73条において、政府として、氏名の振り仮名を戸籍の記載事項とすることを含めた検討を行うこととされた。

2　そこで、令和3年1月から7月までの間、「氏名の読み仮名の法制化に関する研究会」（一般社団法人金融財政事情研究会主催。座長・窪田充見神戸大学大学院法学研究科教授）に法務省民事局の担当者が参加し、検討を行った。

3　これらの経緯を踏まえ、令和3年9月、法務大臣から法制審議会に対し、「個人の氏名を平仮名又は片仮名で表記したものを戸籍の記載事項とする規定を整備するなど、戸籍法制の見直しを行う必要があると考えられるので、その要綱を示されたい。」との諮問（第116号）がされ、同年11月から、戸籍法部会（部会長・窪田充見神戸大学大学院法学研究科教授）における調査審議が開始された。

4　戸籍法部会においては、令和3年11月から令和5年2月まで約14か月の間に合計14回の会議が重ねられた。その間には、令和4年5月に「戸籍法等の改正に関する中間試案」が取りまとめられ、同年5月27日から6月27日まで、パブリック・コメントの手続が実施された。その後、同部会は、調査審議の結果として、令和5年2月2日に「戸籍法等の改正に関する要綱案」を取りまとめ、法制審議会（総会）において、同月17日、この要綱案のとおりの内容で「戸籍法等の改正に関する要綱」（以下「令和5年改正要綱」という。）が採択され、法務大臣に答申された。

5　法務省は、この要綱に基づき改正法案を立案し、戸籍法の一部改正案は、同年3月7日、第211回国会（令和5年通常国会）に「行政手続におけ

る特定の個人を識別するための番号の利用等に関する法律等の一部を改正す
る法律案」の一部として提出された。

Q48　法制審議会戸籍法部会の中間試案に関するパブリック・コメントの手続の結果はどのようなものであったのか。

A　1　法制審議会戸籍法部会では、令和4年5月に「戸籍法等の改正に関する中間試案」が取りまとめられ、パブリック・コメントの手続が実施された。その結果、日本弁護士連合会、大学等のほか、個人を含む様々な主体から、合計142件の意見が寄せられた。

2　氏名の振り仮名を戸籍の記載事項とするに当たっては、戸籍に記載する振り仮名の表記を平仮名とするか、片仮名とするかの論点があったところ、外国又は外来語に起源を有する者の表記に適していること、既に金融機関等の民間企業で片仮名が用いられることが多いことなどから、片仮名を支持する意見（25件）が多く寄せられた（平仮名を支持する意見は12件）。

　また、氏名の振り仮名として許容される範囲に関する規律については、中間試案で提案した甲案（戸籍法には規定を設けず、権利濫用の法理、公序良俗の法理等の法の一般原則によるとする案）に23件、乙案（法の一般原則によるほか、国字の音訓又は慣用により表音されるか、字義との関連性があることを求めるとする案）に7件、丙案（乙案に加え、法務省令で定める読み方も認めるとする案）に10件の意見が寄せられた。もっとも、数の上では、「文字の音訓（又は慣用）以外は認めるべきではない」とする中間試案にない意見が一番多かった（41件）。

　そのほか、現に使用している読み方を変更させることは相当ではないという意見（9件）も寄せられた。

3　現に戸籍に記載されている者に係る氏名の振り仮名の収集については、一定の期間内に氏名の振り仮名の申出をしなければならないものとし、その期間内に当該申出がない場合には、本籍地の市区町村長が戸籍に氏名の振り仮名を記載する案を提示したところ、賛成する意見（5件）、反対する意見（5件）が同数寄せられた。そのほかの意見として、本籍地の市区町村長が戸籍に氏名の振り仮名を記載することについては国民への事前通知を条件として賛成するというものや、申出の方法としてマイナポータルを活用すべきと

するもののほか、申出を義務付けるのは国民に無用な負担を課すものであり、過料を科すことに反対するというものもあった。

4　氏名の振り仮名の変更手続について、氏又は名の変更に伴わず、振り仮名のみを変更する場合については、甲案（必ず家庭裁判所の許可を得てその旨を届け出るとする案）に11件、乙案（原則として、家庭裁判所の許可を得てその旨を届け出る必要があるが、成年に達した時から1年以内に届け出る場合その他法務省令で定める場合には、例外を認めるとする案）に16件の意見が寄せられた。また、氏又は名の変更に伴って氏名の振り仮名を変更する場合については、氏名の振り仮名についても家庭裁判所の許可を得てその旨を届け出るものとする案を提示したところ、これに賛成する意見（11件）が多かった（反対2件）。

5　このような意見も踏まえて、戸籍法部会及び法制審議会（総会）で調査審議がされ、パブリック・コメントの手続やアンケート（後記Q50参照）により多数の支持を集めた案を踏まえた内容の要綱が法務大臣に答申された。改正法案は、この要綱の内容に沿って立案されたものである。

Q49　パブリック・コメント手続に加え、アンケートを実施したのはなぜか。

A　1　法制審議会戸籍法部会では、令和4年5月に「戸籍法等の改正に関する中間試案」が取りまとめられ、パブリック・コメントの手続が実施された。その結果、日本弁護士連合会、大学等のほか、個人を含む様々な主体から、合計142件の意見が寄せられた。

2　もっとも、氏名の振り仮名として許容される範囲については、名付けに直接影響を与える重要な論点であるにもかかわらず、この点について寄せられた意見は100件程度に過ぎなかったことから、戸籍法部会の委員等から「より多くの国民の意見を集約する必要があるのではないか」との指摘があった。

3　このため、パブリック・コメントの手続を実施した論点のうち、さらに深堀りが必要と思われる重要な論点に絞った上で、改めて5,000人を対象に、アンケートを実施することにしたものである。

Q50
重要な論点についてのアンケートの結果は、どのようなものであったのか。

A　1　アンケートは、民間事業者に委託され、令和4年10月31日から同年11月4日までの間、WEBを利用して実施された。具体的には、性別、年齢、地域に偏りがないよう、人口分布をもとにあらかじめ枠を用意した上で、全国5,000人（男性2,483人、女性2,517人）を対象に、①氏名の読み方の規律と②規制が必要な読み方の類型が問われた。

2　氏名の読み方の規律については、案1（どのような読み方であっても、制限することなく認める案)、案2（権利の濫用や公序良俗に反する（社会に混乱を与える）ものでない限り幅広く認める案)、案3（慣用によるものを含め、氏名に用いられる文字に通常用いられる音訓によるもの（名乗り訓や熟字訓等を含め、辞書に記載されている読み方などが該当）であれば認める案）及び案4（漢字の本来的な音訓によるものに限って認める案（名乗り訓や熟字訓等も認めない案))の4つについて、いずれの案が相当かを問うのではなく、それぞれの案について賛成するか、反対するかの回答を求めた。その結果、案3が賛成（どちらかと言えば賛成を含む。以下同じ。）の意見が多く（51.2％)、かつ反対（どちらかと言えば反対を含む。以下同じ。）の意見が少ない（8.4％）案として支持が高く[注]、次いで案2が賛成の意見が多い案であった（賛成35.7％、反対22.2％)。

3　また、規制が必要な読み方の類型として支持が高かったものとしては、①反社会的な名前を読み方にするなど、人の名前としてふさわしくないもの（72.3％。複数回答可。以下同じ。)、②差別的であったり、卑わいであったりするなど、音で表した場合に一般的に著しい不快感を引きおこすもの（68.5％)、③人の名前としては違和感のあるキャラクターの名前を読み方とするもの（56.1％）等があった。

　（注）案3については、10代から70代までの各世代において、賛否の割合にばらつきが見られなかった。

［アンケートの概要］

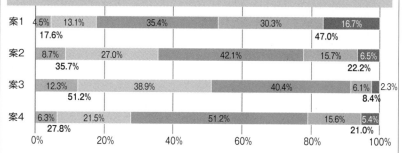

実施方法　民間事業者によるWebアンケート
実施期間　令和4年10月31日から11月4日まで
サンプル数　5,000（15歳〜79歳の男女）

案1　どのような読み方であっても、制限することなく認める案
案2　権利の濫用や公序良俗に反する（社会に混乱を与える）ものでない限り、幅広く認める案
案3　慣用によるものを含め、氏名に用いられる文字に通常用いられる音訓によるもの（名乗り訓や熟字訓等を含め、辞書に記載されている読み方などが該当）であれば認める案
案4　漢字の本来的な音訓によるものに限って認める案（名乗り訓や熟字訓等も認めない案）

年代別比較

案2　権利の濫用や公序良俗に反する（社会に混乱を与える）ものでない限り、幅広く認める案

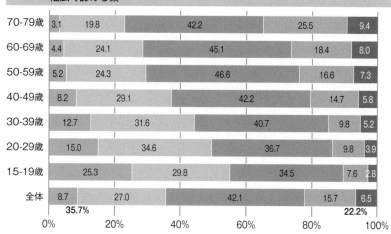

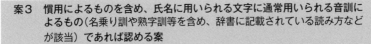

案3　慣用によるものを含め、氏名に用いられる文字に通常用いられる音訓によるもの（名乗り訓や熟字訓等を含め、辞書に記載されている読み方などが該当）であれば認める案

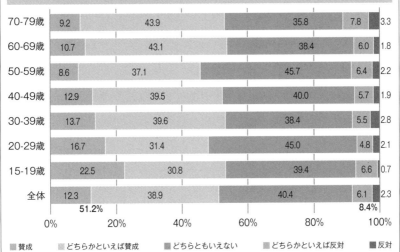

	賛成	どちらかといえば賛成	どちらともいえない	どちらかといえば反対	反対
70-79歳	9.2	43.9	35.8	7.8	3.3
60-69歳	10.7	43.1	38.4	6.0	1.8
50-59歳	8.6	37.1	45.7	6.4	2.2
40-49歳	12.9	39.5	40.0	5.7	1.9
30-39歳	13.7	39.6	38.4	5.5	2.8
20-29歳	16.7	31.4	45.0	4.8	2.1
15-19歳	22.5	30.8	39.4	6.6	0.7
全体	12.3	38.9	40.4	6.1	2.3

全体：51.2%　8.4%

読み方について規制の対象とすべきと回答された主なもの（上位）
・反社会的な名前を読み方にするなど、人の名前としてふさわしくないもの（72.3%）
・差別的であったり、卑わいであったりするなど、音で表した場合に一般的に著しい不快感を引き起こすもの（68.5%）
・人の名前としては違和感のあるキャラクターの名前を読み方とするもの（56.1%）
・漢字の持つ意味とは反対の意味による読み方（46.9%）
・別人と誤解されるおそれのある読み方（45.4%）

Q51　戸籍法の改正法案がマイナンバー法の一部改正法案に束ねられたのはなぜか。

A　戸籍法及び住民基本台帳法の改正により、戸籍、戸籍の附票及び住民票に氏名の振り仮名が記載され、マイナンバー法の改正により、住民票に記載されることとなった氏名の振り仮名がマイナンバーカードに記載される。

　これにより、マイナンバーカードを用いて氏名の振り仮名を公証することが可能となり、氏名の振り仮名を本人確認事項の一つとして利用することが容易となる。

　これらの改正は、いずれもマイナンバーカードの普及及び利用の促進に資するものであって、改正項目の趣旨目的は一つであり、改正条項が内容的に相互に密接な関連性を有することから、改正事項をマイナンバー法等の一部を改正する法律という一本の法律で一覧的に示し、一体として成立を図ることが適当であるとの理由によるものである。

Q52 改正法案の国会における審議の経過及び内容は、どのようなものであったのか。

A 1 改正法案については、衆議院の地域活性化・こども政策・デジタル社会形成に関する特別委員会及び参議院の地方創生及びデジタル社会の形成等に関する特別委員会への付託に先立ち、各本会議において趣旨の説明を聴取するとの取扱いがされることとなり、先議議院である衆議院においては、令和5年4月14日、本会議における趣旨説明及びこれに対する質疑が行われ、同月18日以降は地域活性化・こども政策・デジタル社会形成に関する特別委員会における審査に付されて、参考人の意見陳述及びこれに対する質疑、対政府質疑を経た上で、同月25日開催の同特別委員会において賛成多数により可決され、その後、同月27日開催の本会議において賛成多数により可決された。

改正法案の送付を受けた参議院においては、令和5年4月28日、本会議における趣旨説明及びこれに対する質疑が行われ、同年5月12日以降は地方創生及びデジタル社会の形成等に関する特別委員会における審査に付されて、参考人の意見陳述及びこれに対する質疑、対政府質疑を経た上で、同月31日開催の同特別委員会において賛成多数により可決された。その後、同年6月2日開催の参議院本会議において、改正法案は賛成多数により可決され、これをもって改正法が成立し、同月9日に公布された。

2 衆議院及び参議院のいずれの審議においても、氏名の振り仮名につき、その必要性、戸籍窓口での審査の在り方、収集手続等に関する質疑が多くされた。

また、衆議院及び参議院のいずれの審議においても、氏名の振り仮名の届出等に係る国民や地方公共団体の負担の軽減を図ることのほか、現に使用している振り仮名とは異なる振り仮名が戸籍に記載されることのないよう配慮するとともに、今後新しく生まれる名乗り訓の許容範囲を幅広く担保することを求める旨の附帯決議が付されている(注)。

（注）衆議院の地域活性化・こども政策・デジタル社会形成に関する特別委員会による附帯決議のうち、戸籍法の一部改正に関するものは、以下のとおりである。

「政府は、本法の施行に当たっては、次の諸点に留意し、その運用等について遺憾なきを期すべきである。

一～九　（略）

十　戸籍等の記載事項へ氏名の振り仮名を追加するに当たっては、本法の趣旨や振り仮名の届出等に関して、届出等に係る国民や地方公共団体の負担の軽減を図るため、国民へ丁寧な説明を行うとともに、地方公共団体の業務の支援策を講ずること。また、高齢者や障害者等、届出等が困難な層に対しては、十分に配慮すること。

十一　戸籍等の記載事項へ氏名の振り仮名を追加するに当たっては、本人が現に使用している振り仮名とは異なる振り仮名が記載されることのないよう配慮するとともに、『戸籍法等の改正に関する要綱』において『幅広い名乗り訓等を許容してきた我が国の命名文化を踏まえた運用とする』とされたことに鑑み、今後新しく生まれる名乗り訓の許容範囲を幅広く担保すること。」

また、参議院の地方創生及びデジタル社会の形成等に関する特別委員会による附帯決議のうち、戸籍法の一部改正に関するものは、以下のとおりである。

「政府は、本法の施行に当たり、次の諸点について適切な措置を講ずるべきである。

一～十七　（略）

十八　戸籍等の記載事項へ氏名の振り仮名を追加するに当たっては、本法の趣旨や振り仮名の届出等に関して、届出等に係る国民や地方公共団体の負担の軽減を図るため、国民へ丁寧な説明を行うとともに、地方公共団体の業務の支援策を講ずること。また、高齢者や障害者等、届出等が困難な層に対しては、十分に配慮すること。

十九　戸籍等の記載事項へ氏名の振り仮名を追加するに当たっては、本人が現に使用している振り仮名とは異なる振り仮名が記載されることのないよう配慮するとともに、『戸籍法等の改正に関する要綱』において『幅広い名乗り訓等を許容してきた我が国の命名文化を踏まえた運用とする』とされたことに鑑み、今後新しく生まれる名乗り訓の許容範囲を幅広く担保すること。」

Q53　氏名の振り仮名は、どのように収集され、戸籍に記載されることになるのか。

A　1　氏名の振り仮名は、届出により戸籍に記載することを原則とするが、既に戸籍に記載されている者については、新たに届出を求められることになることから、特別の配慮と氏名の振り仮名の収集を促進するための工夫をすることとされた。

2　具体的には、次のとおりである（なお、氏の振り仮名の届出は、原則として戸籍の筆頭者がすることとされている。）。

(1)　改正法の施行後、出生届や帰化届などにより新たに戸籍に記載される者については、届出期間内に届書に氏名の振り仮名を記載して当該届出をすることで、氏名の振り仮名が戸籍に記載されることになる。なお、届出期間内に届出がされない場合には過料に処される。

(2)　既に戸籍に記載されている者については、所定の届出期間内に氏名の振り仮名等を届け出ることができ、当該届出により氏名の振り仮名等が戸籍に記載されることになる。なお、届出をしない場合でも過料に処せられることはなく、その場合には、住民票において市区町村が事務処理の用に供するため便宜上保有するふりがな情報を参考に、本籍地の市区町村長によって氏名の振り仮名等が戸籍に記載されることになる。

　なお、本籍地の市区町村長が戸籍に記載する予定の氏名の振り仮名等がどのようなものであるか分かるよう、施行日後遅滞なく、本籍地の市区町村長から、事前に戸籍に記載する予定の氏名の振り仮名等が通知される。

　本籍地の市区町村長が戸籍に記載した氏名の振り仮名等が、現に使用している（又は使用しようとしている）氏名の振り仮名等と異なる場合には、一度に限り、その変更の届出をすることができる。その場合には、届出をした変更後の氏名の振り仮名等が戸籍に記載されることになる。

　本籍地の市区町村長から事前に通知する戸籍に記載する予定の氏名の振り仮名等については、一定の基準日を設けて、住民票において市区町村が事務

処理の用に供するため便宜上保有するふりがな情報を収集した上で、これを参考に、戸籍に記載されている者に通知するとともに仮登録しておき、施行日から1年以内に届出があった場合には届出された氏名の振り仮名等が戸籍に記載され、届出期間内に届出がない場合には、仮登録した氏名の振り仮名等を戸籍に記載する取扱いが想定されている。

第2節　氏名の振り仮名の戸籍及び戸籍の届書への記載

Q54 氏名の振り仮名は、どのような表記で戸籍のどの欄に記載されるのか（戸籍法第13条第1項第2号及び第3項関係）。

A 1　①氏の振り仮名については、戸籍の同籍者間で同一のものとなることから、現在、本籍及び筆頭者の氏名が記載されている欄の下に、氏の振り仮名欄を設け、②名の振り仮名については、戸籍に記載されている者の欄に、個別に名の振り仮名欄を設け、いずれも片仮名を用いて表記することが想定されている。

2　戸籍の記載について、平仮名ではなく、片仮名を用いることとしたのは、令和4年5月に実施した戸籍法等の改正に関する中間試案に関するパブリック・コメント手続の結果、団体、個人とも片仮名を支持する意見が多かったほか、外国又は外来語に起源を有する者の氏名の振り仮名については片仮名表記の方がなじみやすいこと、既に金融機関等の民間企業で片仮名が用いられることが多いことを踏まえたものである^(注)。

（注）パブリック・コメント手続の結果
○平仮名を支持する意見
　12件（団体1件、個人11件）
○片仮名を支持する意見
　25件（団体8件、個人17件）

Q55　現状、出生届に記載されている「よみかた」はどのように扱われているのか。これを氏名の振り仮名に活用することはできないのか（戸籍法第13条第1項第2号関係）。

A　1　現状、戸籍法に氏名の振り仮名に係る規律がないため、戸籍に氏名の振り仮名は記載されていない。他方、出生届には、氏名の「よみかた」を記載する欄があるが、これは、市区町村からの要望を受け、住民基本台帳事務処理上の便宜のため、記載を求めているものである（昭和47年2月14日付民事甲第905号通達）。

　出生届の届書については、標準処理様式として法務省民事局長通達により定めているが、氏名の振り仮名は戸籍の記載事項ではないことから、戸籍事務において、その審査は行っていない。

2　ただし、「よみかた」は、届出人が届出事件の本人を特定する情報として届書に記載しているものであり、氏名の振り仮名を戸籍に記載する際の参考になり得るものであることから、改正法の施行後、本籍地の市区町村長が既に戸籍に記載されている者に係る氏名の振り仮名等を記載するに当たっては、住民票において市区町村が事務処理の用に供するため便宜上保有しているふりがな情報を参考にすることが想定されている（後記Q81参照）。

3　なお、戸籍実務を振り返ると、明治31年の旧戸籍法（明治31年法律第12号）施行以来、名に振り仮名を付す「傍訓」の取扱いが認められていた時期があった（明治33年10月24日付民刑第1484号民刑局長回答）。これは、法律の規定に基づくものではなく、名の読み方を明らかにするための便宜的な取扱いであったが、その表記に当たり片仮名が用いられており、また、子の名に用いる文字の範囲内であれば音訓に別段の制限はないものの、字義に関連することを求め、一般的に読まれている慣行のある場合に限るとする運用がされていた（昭和24年7月26日付民事甲第1686号（二）204号民事局長回答、昭和36年4月17日付民事甲第886号民事局長回答等）。

　このため、例えば、「高」を「ヒクシ」とする傍訓は認められなかった（昭和24年11月21日付民事甲第2695号（二）565号民事局長回答）。

　もっとも、名の傍訓については、名の一部ではないかとの混乱を生じさせ
たり、受否の判断が難しく、戸籍実務上、その取扱いが煩雑であったりした
ことから、戸籍事務におけるコンピュータ化導入による戸籍の記載事項の見
直しに伴い、平成6年12月1日以降、戸籍に記載しないこととなった（平
成6年11月16日付民二第7005号民事局長通達第3)。

Q56　氏名の振り仮名について、「氏名として用いられる文字の読み方として一般に認められているものでなければならない」とされたのはなぜか（戸籍法第13条第2項関係）。

A　1　前記Q48・Q50の戸籍法等の改正に関する中間試案に関するパブリック・コメントの手続及びアンケートの結果を踏まえ、法制審議会戸籍法部会では、戸籍法には規定を設けず、権利濫用の法理、公序良俗の法理等の法の一般原則によることとする案（甲案）と、同アンケートにおける「慣用によるものを含め、氏名に用いられる文字に通常用いられる音訓によるもの（名乗り訓や熟字訓等を含め、辞書に記載されている読み方などが該当）であれば認める案」を法文上の規律として表現し、戸籍法に「氏名として用いられる文字の読み方として一般に認められているものでなければならない」とする旨の規定を設ける案（新乙案）の2つの案について議論された。

2　その結果、アンケートにおいて幅広い国民の支持を得られた「慣用によるものを含め、氏名に用いられる文字に通常用いられる音訓によるもの（名乗り訓や熟字訓等を含め、辞書に記載されている読み方などが該当）であれば認める案」を考え方の土台とするのが相当であること、戸籍実務上、氏名と関連性のない振り仮名が届け出られた際の対応を考えると、氏名と全く関連性のない読み方によるものは認められない旨の規定を設ける必要があると考えられること等を踏まえ、最終的には、戸籍法に「氏名として用いられる文字の読み方として一般に認められているものでなければならない」とする旨の規定を設ける案（新乙案）が採用されることとなった。

3　その一方で、我が国には、源頼朝の「朝（トモ）」や池田勇人の「勇人（ハヤト）」などに見られるように、通常の音訓とは異なる人名特有の読み方である、いわゆる「名乗り訓」と呼ばれるものがあり、これを幅広く許容してきた命名文化があることから、これを守るべきとの意見が示され、要綱において、市区町村長の行う氏名の振り仮名の審査においては、幅広い名乗り訓等を許容してきた我が国の命名文化を踏まえた運用をすることが注記された。

Q57 「氏名として用いられる文字の読み方として一般に認められているもの」かどうかは、どのような基準で判断されるのか（戸籍法第 13 条第 2 項関係）。

A 1 「氏名として用いられる文字の読み方として一般に認められているもの」に該当するかどうかは、我が国の命名文化や名乗り訓が創造される慣習、名に名乗り訓が多用されてきた歴史的経緯も念頭に入れ、社会において受容され又は慣用されているかという観点から、判断されることになる。

　具体的には、漢和辞典など一般の辞書に掲載されているものについては、幅広く認めることが考えられ、一般の辞書に掲載されていない読み方についても、届出人から個別に説明を聴いた上で、社会において受容されているかなどを判断することになると考えられる。

2 　この際、要綱を踏まえ、社会において受容され又は慣用されていることが明瞭ではないものであっても、幅広い名乗り訓を許容してきた我が国の命名文化を尊重する観点から、これを幅広く許容するべく、柔軟に運用することが適切であると考えられる。

3 　こうした考え方については、戸籍窓口において統一的な取扱いが確保されるよう、今後、法務省民事局長通達等でその内容が明らかにされる予定である。

Q58　一般の読み方として許容されない読み方として、どのようなものが考えられるのか（戸籍法第13条第2項関係）。

A　例えば、

①　漢字の持つ意味とは反対の意味による読み方（例：高をヒクシ）

②　読み違い、書き違いかどうか判然としない読み方（例：太郎をジロウ、サブロウ）

③　漢字の意味や読み方との関連性をおよそ（又は全く）認めることができない読み方（例：太郎をジョージ、マイケル）

④　反社会的な読み方など、人の名前としてふさわしくない読み方

⑤　差別的・卑わいなものなど、音で表した場合に一般的に著しい不快感を引き起こす読み方

が考えられる。

Q59 一般に認められていない読み方は、氏名の振り仮名として、およそ認められないことになるのか（戸籍法第13条第2項関係）。

A 改正法では、経過措置を設けることにより、既に戸籍に記載されている者に係るものについては、一般の読み方以外の読み方であっても、現に使用されている氏名の読み方であれば認められることとされている（改正法附則第6条第2項等）。

　また、例えば、氏又は名について一般の読み方以外の読み方をしている者が社会的に活躍することなどにより、その読み方の知名度が上昇することで誰もが読めることになり、今後、一般的に認められている状態になることも考えられる。

　さらには、要綱において、市区町村長の行う氏名の振り仮名の審査においては、幅広い名乗り訓等を許容してきた我が国の命名文化を踏まえた運用とすることが注記されており、審査において、個別事案の具体的な状況に応じて柔軟な運用をすることも考えられる。

　したがって、現在、一般に認められていない読み方であっても、今後、社会において受容され又は慣用されていると認められる状況に至った場合には、氏名の振り仮名として認められることはあり得ると考えられる。

［一般的に認められている読み方かどうかの審査等］

氏名の仮名表記の許容性及び氏名との関連性

●戸籍法等の改正に関する要綱　第1の2

　氏名の仮名表記の許容性及び氏名との関連性

　氏名の仮名表記の許容性及び氏名との関連性に関する審査について、戸籍法に「氏名として用いられる文字の読み方として<u>一般に認められているものでなければならない</u>」という趣旨の規定を設けるものとする。

(注) 市区町村長の行う上記の審査においては、幅広い名乗り訓等を許容してきた我が国の命名文化を踏まえた運用とする。

 今後、施行日までに運用の全体像を示すなど、戸籍窓口において統一的に円滑な審査ができるような内容の法務省民事局長通達等を作成

市区町村窓口における審査のイメージ

➤ 一般に認められている読み方かどうかは、命名文化や名乗り訓が創造される慣習、名に名乗り訓が多用されてきた歴史的経緯も念頭に置き、社会において受容され又は慣用されているかという観点から、判断。

(1) 常用漢字表又はその付表に掲載されているものはもとより、漢和辞典など一般の辞書に掲載されているものについては、幅広く認める。

(2) 一般の辞書に掲載されていない読み方についても、届出人による説明を踏まえ、一般に認められているものといえるかどうかを判断する。

社会を混乱させるものとして、一般に認められている読み方として許容されないと考えられる例

① 漢字の持つ意味とは反対の意味による読み方
　→「高」を「ヒクシ」と読ませる

② 読み違い（書き違い）かどうか判然としない読み方
　→「太郎」を「ジロウ」と読ませる

③ 漢字の意味や読み方との関連性をおよそ（又は全く）認めることができない読み方
　→「太郎」を「ジョージ」、「マイケル」と読ませる

④ 別人と誤解される読み方
　→「鈴木」を「サトウ」、「佐藤」を「スズキ」と読ませる

Q60　戸籍法第13条第3項に「氏名の振り仮名に用いることができる仮名及び記号の範囲は、法務省令で定める。」とあるが、具体的にどのようなものが想定されているのか（戸籍法第13条第3項関係）。

A　現代仮名遣い（昭和61年内閣告示第1号）本文第1に定められた直音、拗音、撥音、促音を片仮名に変換したもののほか、片仮名表記の小書き及び長音記号「ー」等が想定されている。

（注）現代仮名遣い（昭和61年内閣告示第1号）
本文
第1（原則に基づくきまり）
語を書き表すのに、現代語の音韻に従って、次の仮名を用いる。
ただし、下線を施した仮名は、第2に示す場合にだけ用いるものである。
1　直音
　　あ　い　う　え　お
　　か　き　く　け　こ　　　が　ぎ　ぐ　げ　ご
　　　　　　　　　　　（中略）
　　ら　り　る　れ　ろ
　　わ　　　　　　　を
例　（略）

2　拗音
　　きゃ　きゅ　きょ　　　ぎゃ　ぎゅ　ぎょ
　　　　　　　　　　　（中略）
　　りゃ　りゅ　りょ
例　（略）
　　［注意］拗音に用いる「や、ゆ、よ」は、なるべく小書きにする。

3　撥音
　　ん
例　（略）

4　促音
　　っ

例　（略）

　　〔注意〕促音に用いる「つ」は、なるべく小書きにする。
（以下略）

第3節　氏名の振り仮名の変更手続

> **Q61** 氏又は名を変更しようとする場合の手続について、令和5年改正の前後でどのような違いがあるのか（戸籍法第107条第1項、第107条の2関係）。

A

1　氏の変更

　氏の変更をする場合には、家庭裁判所の許可が必要であり、審判手続において「やむを得ない事由」があることが認められなければならない。同事由には、著しく珍奇なものや甚だしく難解難読なものなど、本人や社会一般に著しい不利不便が生じている場合が該当すると考えられる。

　改正法の施行後は、氏に加え、氏の振り仮名も戸籍に記載する必要があることから、変更しようとする氏に加え、変更しようとする氏の振り仮名を明らかにした上で、戸籍の筆頭者及びその配偶者が共同して、家庭裁判所に対して、やむを得ない事由があるとして、氏及び氏の振り仮名の変更についての許可を申し立て、その許可を得て、これらを市区町村長に届け出る必要がある（戸籍法第107条第1項、家事事件手続法（平成23年法律第52号）第226条第1号、別表第一の122の項）。

2　名の変更

　名の変更をする場合には、家庭裁判所の許可が必要であり、審判手続において「正当な事由」があることが認められなければならない。

　この正当な事由には、珍奇なものや難解難読なものなど、社会生活上支障が生じている場合が該当すると考えられる。

　改正法の施行後は、名に加え、名の振り仮名も戸籍に記載する必要があることから、変更しようとする名に加え、変更しようとする名の振り仮名を明らかにした上で、名を変更しようとする者が、家庭裁判所に対して、正当な事由があるとして、名及び名の振り仮名の変更についての許可を申し立て、その許可を得て、これらを市区町村長に届け出る必要がある（戸籍法第107条の2、家事事件手続法第226条第1号、別表第一の122の項）。

Q62　氏又は名のみを変更し、振り仮名を変更しない場合にも、その振り仮名についても家庭裁判所の許可を得る必要があるのか（戸籍法第107条第1項、第107条の2関係）。

A　氏又は名の振り仮名は、氏又は名に伴うものであるから、氏又は名を変更する場合には、その変更の前後で同じ読み方（振り仮名）であっても、潜在的には変更を伴うものである。

　また、氏又は名の変更についてのみ家庭裁判所の許可を得ることとした場合には、その振り仮名については家庭裁判所による審査が及ばない結果、氏又は名の振り仮名が、変更後の氏又は名との関係で、氏名として用いられる文字の読み方として一般の読み方に該当せず、氏名の振り仮名として認められないものとなる事態が生じることもあり得る。

　そのため、氏又は名のみを変更し、振り仮名を変更しない場合であっても、家庭裁判所において、氏名の振り仮名についての審査を要する。

Q63 外国人と婚姻をした者が改正法の施行後にその氏を配偶者の称している氏に変更しようとする場合、どのような手続を行う必要があるのか（戸籍法第 107 条第 2 項関係）。

A 　外国人と婚姻をした者が、その氏を配偶者の称している氏に変更しようとする場合、氏に加え、変更しようとする氏の振り仮名を明らかにした上で、その婚姻の日から 6 か月以内であれば家庭裁判所の許可を得ることなく、市区町村長に届け出ることができる（戸籍法第 107 条第 2 項）。

　仮に 6 か月を超えた場合には、家庭裁判所の許可を得て（戸籍法第 107 条第 1 項）、市区町村長に届け出る必要がある。

Q64 戸籍法第107条第3項の届出については、氏の振り仮名を届け出ることとされていないのはなぜか（戸籍法第107条第3項関係）。

A 戸籍法第107条第3項の届出は、外国人との婚姻により外国人配偶者の称している氏に変更した者が、離婚等により、その氏を変更の際に称していた従前の氏に変更しようとする場合の規定である。

この場合には、戸籍法第107条第2項による外国人配偶者の称する氏に変更する前に在籍していた戸籍に従前の氏に係る氏の振り仮名が記載されていることが想定されることから、氏の振り仮名を届け出る必要はない。

なお、戸籍法第107条第3項の届出は、復氏して従前の戸籍に復するものではなく、呼称上の氏の変更の届出である。

そのため、仮に、従前の戸籍に記載された氏の振り仮名が届出によらず、本籍地の市区町村長が記載したものである場合には、経過措置として、本籍地の市区町村長が記載した氏の振り仮名等について、一度に限り、家庭裁判所の許可を得ることなく届出のみで変更することを可能としていることに照らし、従前の戸籍に記載された氏の振り仮名と異なる振り仮名を届書に記載し、これに基づき、市区町村長が当該振り仮名を戸籍に記載することも可能であると考えられる。

また、従前の戸籍に記載された氏の振り仮名が届出によらず、本籍地の市区町村長が記載したものであった場合であっても、これと同じ氏の振り仮名を用いて戸籍法第107条第3項の届出をした後は、家庭裁判所の許可を得ることなく、届出のみで氏の振り仮名の変更をすることはできなくなる。

Q65 氏の振り仮名を変更しようとする場合の「やむを得ない事由」、名の振り仮名を変更しようとする場合の「正当な事由」とはどのようなものが考えられるか（戸籍法第 107 条の 3、第 107 条の 4 関係）。

A ### 1　氏の振り仮名の変更

氏の変更における「やむを得ない事由」と同様、著しく珍奇なものや甚だしく難解なものなど、本人や社会一般に著しい不利不便を生じている場合がこれに該当すると考えられるが、「やむを得ない事由」の有無については、個別の事案に応じて、家庭裁判所によって適正に判断されることとなる。

2　名の振り仮名の変更

名の変更における「正当な事由」と同様、珍奇なものや難解なものなど、社会生活上支障がある場合がこれに該当すると考えられるが、「正当な事由」の有無については、個別の事案に応じて、家庭裁判所によって適正に判断されることとなる。

第4節　施行期日

Q66 令和5年改正は、いつから施行されるのか（改正法附則第1条第3号関係）。

A 1　改正法の公布の日から起算して2年を超えない範囲内において政令で定める日とされている（公布日は、令和5年6月9日）。

2　これは、氏名の振り仮名に関する規定の施行に当たっては、国民に与える影響を考慮すると、氏名の読み方に関する規律のほか、既に戸籍に記載されている者に対する戸籍に記載する予定の氏名の振り仮名等の通知、市区町村長が戸籍に記載した氏名の振り仮名等についての変更の届出の手続等について、十分な周知を行う必要があると考えられたためである。

　また、市区町村の窓口対応に向けた事前準備を入念に行う必要や、市区町村における必要なシステム整備のための準備期間も十分に確保する必要がある。

3　こうしたことから、施行日は、公布の日から起算して2年を超えない範囲内において政令で定める日とされたものである。

第5節　既に戸籍に記載されている者に係る氏名の振り仮名等の収集

Q67　氏名の振り仮名等の届出は、どのようにして行うのか。高齢者や障害者等、届出が困難な層に対し、特段の配慮が必要なのではないか。

A　1　既に戸籍に記載されている者に係る氏名の振り仮名等の届出については、戸籍窓口に出頭する方法によるほか、郵送による届出や使者による届出も可能である。また、マイナポータルを利用して届出をすることを可能とする方向で調整が行われている。

2　現に使用している読み方を尊重する観点からは、本人が自ら氏名の振り仮名等の届出をすることが重要であるため、高齢者等、届出等が困難な方々に十分に配慮し、1の届出方法を含む制度改正の趣旨等について周知、広報を行うことを予定している。

3　なお、氏の振り仮名又は一般の読み方以外の氏の読み方を示す文字（以下「氏の振り仮名等」という。）の届出は戸籍の筆頭者が、名の振り仮名又は一般の読み方以外の名の読み方を示す文字（以下「名の振り仮名等」という。）の届出は各人が行うこととされているところ、市区町村長が戸籍に記載しようとする氏名の振り仮名等の通知については、生活実態に配慮し、筆頭者にまとめて通知するのではなく、同籍者中同一住所にある者ごとに通知すること等が検討されている。

Q68 既に戸籍に記載されている者について、氏名として用いられる文字の読み方として一般に認められているものでない氏の読み方又は名の読み方が使用されている場合には、これを使用できないことになるのか（改正法附則第6条第2項、第7条第2項、第8条第2項、第10条第2項及び第4項、第11条、第12条第2項及び第4項関係）。

A 1　既に戸籍に記載されている者の氏名の振り仮名等については、現に使用されている読み方を尊重する観点から、一般の読み方以外の読み方であっても、現に使用されている氏名の読み方であれば、許容することとされている（改正法附則第6条第2項、第7条第2項、第8条第2項、第10条第2項及び第4項、第11条、第12条第2項及び第4項）。

2　もっとも、届出の審査に当たっては、現に使用されている氏名の読み方であることを示すため、「読み方が通用していることを証する書面」を求めることとされている（改正法附則第6条第4項、第7条第5項、第8条第3項、第10条第8項、第11条、第12条第6項）。

なお、この「読み方が通用していることを証する書面」としては、パスポート（ローマ字表記から読み取れる読み方）、預貯金通帳等が想定されている。

Q69　パスポート（旅券）の氏名のローマ字表記から読みとれる読み方と届出される戸籍の氏名の振り仮名とが異なる場合にはどうなるのか。

A　1　戸籍法上、届出される戸籍の氏名の振り仮名について、必ず旅券における名義人の氏名（ローマ字表記）と同じ読み方のものを届出させるような義務規定が置かれていないが、旅券法令上は旅券における名義人の氏名は戸籍に記載されている氏名によることとされていることから、旅券を取得したことがある方については、旅券を作成した当時の戸籍の氏名のヨミカタを使って届け出るよう呼び掛けていくこと等が検討されている。

2　なお、戸籍の氏名の振り仮名が過去の旅券申請時のヨミカタから変更されていた場合には、婚姻等によって氏名に変更があった場合と同様、旅券における名義人の記載事項変更として変更後の氏名の振り仮名及びローマ字表記を申請しなければならない。

Q70　改正法の施行の際、現に戸籍の筆頭に記載されている者が、施行日から1年以内に氏の振り仮名の届出をすることができるとしたのはなぜか（改正法附則第6条第1項関係）。

A　1　「届出をすることができる」とし、届出義務を課すこととしなかったのは、届出人が正確な氏名の読み方を届け出る機会を確保する一方で、国民のほとんどが現に戸籍に記載されている者に該当することに照らし、新たに氏名の振り仮名の届出を義務付けることとすれば、国民全体に大きな負担を与えることになることや、届出をしない場合に過料の制裁が科されるとの疑義が生じることを考慮したものである。

2　また、1年以内に届け出ることとして期間制限を設けたのは、同様に届出人による届出の機会を確保する一方で、届出期間内に届出がない場合には、可及的速やかに本籍地の市区町村長が戸籍に氏名の振り仮名等を記載する必要があることから、そのバランスを図ったものである。

Q71　氏の振り仮名を届け出ることができる者が戸籍の筆頭者に限定されているのはなぜか（改正法附則第 6 条第 1 項関係）。

A　1　氏の振り仮名の届出資格者が戸籍の筆頭者に限定されたのは、氏の振り仮名については、戸籍の筆頭者の氏に係る氏の読み方であるところ、その氏を従前から使用しており、当該氏の読み方について最も熟知しているのは戸籍の筆頭者であると考えられること、氏の変更（戸籍法第107 条第 1 項）と同様に、配偶者と共同で届け出ることとすれば負担になりかねないことが考慮されたためである。

　また、届出がされなかった場合に本籍地の市区町村長が氏の振り仮名等を戸籍に記載することとされたこととの関係で（改正法附則第 9 条第 1 項〜第 3項）、戸籍の筆頭者に係る氏の読み方を基準とすることについて、あらかじめ明確にしておく必要性があることも考慮されたものである。

2　もっとも、氏の振り仮名等の届出に当たっては、可能な限り、戸籍の筆頭者と同籍する配偶者が調整した上で届け出ることが望ましいと考えられる。

Q72　改正法附則第6条第1項の氏の振り仮名の届出と同条第2項の一般の読み方以外の氏の読み方の届出を分けて管理する必要があるのか（改正法附則第6条第1項及び第2項関係）。

A　1　氏名の振り仮名が戸籍の記載事項とされ、新たに「氏名として用いられる文字の読み方として一般に認められているもの」（戸籍法第13条第2項）を示す文字が氏名の振り仮名とされることになったことから、理論上、既に戸籍に記載されている者に係る氏名に用いられる文字の読み方を示す文字については、氏名の振り仮名と一般の読み方以外の氏の読み方又は名の読み方を示す文字があることになる。

2　もっとも、既に戸籍に記載されている者がこうした一般の読み方以外の読み方を現に使用している場合には、これを尊重し、氏名の振り仮名に代えて当該一般の読み方以外の読み方を示す文字を届け出ることができることとし、一定の場合に氏名の振り仮名とみなす扱い（改正法附則第6条第2項等）とすることとされた。

3　このため、一般の読み方以外の読み方によるものであっても、氏名の振り仮名とみなされることから、これを分けて管理する必要はないものと考えられ、届出の様式についても、「附則第6条（第1項又は第2項）」の届出とすることが想定されている(注)。

（注）戸籍事務管掌者において、主位的に氏名の振り仮名の届出、予備的に一般の読み方以外の氏の読み方又は名の読み方を示す文字の届出として審査を行うことになり、振り仮名（一般の読み方によるもの）に該当するか疑義が生じた場合には、現に使用している読み方が通用していることを証する書面の提出を求めることとなる。そして、審査の結果、届出に係るものが一般の読み方に該当しないことから氏又は名の振り仮名であるとは認められず、かつ、現に使用している読み方が通用していることを証する書面の提出がないなど、一般の読み方以外の氏の読み方又は名の読み方を示す文字の届出としてもその要件を欠く場合には、双方の届出を不受理とすることになる。

Q73 氏名の振り仮名等の届出を受理し、戸籍に記載する地方公共団体に対し、その負担軽減を図るため、特段の配慮が必要なのではないか。

A 1　改正法の施行後、市区町村においては、既に除籍されている者を除き、既に戸籍に記載されている者に対する戸籍に記載する予定の氏名の振り仮名等の通知や、届出があった氏名の振り仮名等に関する審査、戸籍への記載など、一定程度の作業が発生するほか、これに対応した既存のシステムの改修が必要となる。

2　このため、氏名の振り仮名の収集については、書面による通知のほか、マイナポータルを活用するなど、市区町村において極力負担が生じないよう配慮する必要があると考えられる。

3　また、氏名の振り仮名等に関する審査については、法務省民事局長通達等において具体的な審査方法を定めることが検討されているが、管轄法務局等に対する当該届出の受理の可否についての円滑な照会体制を整備する等、現実に事務処理を行う市区町村が対応に困らない体制を構築する必要があると考えられる。

Q74　氏名の振り仮名等の届出は、報告的届出か、創設的届出か（改正法附則第6条第1項及び第2項等関係）。

A　1　既に戸籍に記載されている者に係る氏名の振り仮名等は、戸籍に記載されることにより初めて公証されるものであることから、その届出については、創設的な面があることも否定できないが、現に使用している氏名の振り仮名等を届け出るものとして報告的届出と整理することができるものと考えられる。

2　戸籍法では、報告的届出の場合、通常、その届出を促す観点から、一定の届出期間を設けた上で届出義務を課しているが（戸籍法第49条第1項、第86条第1項、第102条の2等）、全国民に対し、現に使用している氏名の振り仮名等を一斉に届け出るよう義務付けること、殊に届出がされない場合に過料の制裁の対象とすることについては、法制審議会戸籍法部会での議論やパブリック・コメントの手続の結果でもほとんどが否定的な意見であったことから、改正法附則第6条第1項及び第2項等による各届出義務のない報告的届出という特別な取扱いがされている。

Q75　氏名の振り仮名の届出等が「氏名として用いられる文字の読み方として一般に認められているもの」ではないとして受理されなかった場合に、不服の申立てをすることができるか（改正法附則第6条第1項及び第2項等関係）。

A　1　氏名の振り仮名の届出と一般の読み方以外の氏の読み方又は名の読み方を示す文字の届出について、実際の運用としては、同一の様式による届書を用いて届出をし、戸籍事務管掌者においては、主位的に氏名の振り仮名の届出として、予備的に一般の読み方以外の氏の読み方又は名の読み方を示す文字の届出として審査を行うことになるものと考えられる。

　この審査に際し、届出に係るものが氏名の振り仮名か否か、すなわち一般の読み方に該当するものか疑義が生じた場合には、届出人に対し、現に使用している氏の読み方又は名の読み方が通用していることを証する書面の提出を求めることとなる。

　その上で、審査の結果、届出に係るものが一般の読み方に該当しないことから氏又は名の振り仮名であるとは認められず、かつ、通用していることを証する書面の提出がないなど、一般の読み方以外の氏の読み方又は名の読み方を示す文字の届出としてもその要件を欠く場合には、双方の届出を不受理とすることとなる。

　2　主位的な氏名の振り仮名の届出、及び予備的な一般の読み方以外の氏の読み方又は名の読み方を示す文字の届出の双方の届出が受理されなかった場合には、これらの届出は、改正法附則に基づく戸籍事件といえることから、戸籍事件についての不当な処分であることを主張して、戸籍法第122条により不服の申立てをすることができる。

Q76　戸籍の筆頭者が届け出た氏の振り仮名について、配偶者又は子が争う方法はあるか（改正法附則第6条第1項及び第2項関係）。

A　1　戸籍の筆頭者による氏の振り仮名の届出は、社会生活において本人確認手段の一つとするため戸籍に記載されることを念頭に届け出られるものであることから、通常、戸籍の筆頭者が現に社会で通用させている読み方を届け出るものと考えられる。

しかし、仮に、これまで使用したこともなく同籍者が考えもしないような読み方で届出がされた場合には、戸籍の記載が事実に合致せず、戸籍の記載に錯誤があるものとして、戸籍法第113条により、家庭裁判所の許可を得て、戸籍の訂正の申請をすることが考えられる。

また、戸籍の筆頭者と配偶者との間で協議を行い、戸籍の筆頭者と配偶者とが共同して、氏の振り仮名の変更をすることも考えられる。

2　さらに、戸籍の訂正は、戸籍の記載が当初から不適法又は事実に合致しない場合にされるものであるところ、①こうした状態を維持することの正当性を欠くこと、②申請の主体が、法文上幅をもった概念に使用される「利害関係人」とされていること、③戸籍法に規定する審判事件について規定している家事事件手続法第229条第1項が、同一戸籍内にある者として子の利益にも配慮していることから、配偶者だけでなく同一戸籍内にある子から申請することも考えられる。

（参照条文）戸籍法（昭和22年法律第224号）
第113条　戸籍の記載が法律上許されないものであること又はその記載に錯誤若しくは遺漏があることを発見した場合には、利害関係人は、家庭裁判所の許可を得て、戸籍の訂正を申請することができる。

Q77 配偶者や子が氏の振り仮名等の届出をすることができる場合について、戸籍の筆頭者が「当該戸籍から除籍されているとき」に限定されているのはなぜか（改正法附則第6条第3項関係）。

A 　1　氏の振り仮名等の届出は、戸籍の筆頭者がするとされているところ（改正法附則第6条第1項及び第2項）、戸籍の筆頭者が除籍されている場合には、氏の振り仮名等を届け出る者がおらず、そのことが戸籍上明らかであるからである。

　他方、戸籍の筆頭者が除籍されていない場合には、届出期間中に戸籍の筆頭者が氏の振り仮名等を届け出る可能性があることから、配偶者や子が氏の振り仮名等を届け出ることはできない。

　2　もっとも、配偶者又は子が、先順位者が届出をすることができないことを明らかにして、氏の振り仮名等に関する資料を提示した場合には、市区町村長が改正法附則第9条第1項及び第3項に基づき、氏の振り仮名等を戸籍に記載する際に、当該資料を参考にして、氏の振り仮名等を戸籍に記載することはあり得ると考えられる[注]。

　3　なお、戸籍の筆頭者が行方不明となっており、失踪宣告を受けた場合には、当該筆頭者は除籍されることから、改正法附則第6条第3項により、第2順位として配偶者による届出が可能である。

　[注]　複数の子が同籍している場合、当該複数の子について、届出資格者としての順位に先後関係はない。

Q78
戸籍の筆頭者が認知症等により意思表示ができない場合であっても、配偶者は氏の振り仮名等の届出をすることはできないのか（改正法附則第6条第3項関係）。

A　1　戸籍の筆頭者が意思表示をすることができない場合には、成年後見人を選任する必要があるが、単に療養中で市区町村役場に出頭することができないような場合には、郵送による届出や使者による届出が可能である。

　また、マイナポータルを利用して届出をすることも可能とする方向で検討がされている。

2　なお、戸籍の筆頭者が届出をすることが困難な場合に、配偶者又は子が、氏の振り仮名等に関する資料を提示した場合には、市区町村長が改正法附則第9条第1項及び第3項に基づき、氏の振り仮名等を戸籍に記載する際に、当該資料を参考にして、氏の振り仮名等を戸籍に記載することはあり得ると考えられる。

3　また、本籍地の市区町村長が戸籍に記載した氏の振り仮名等の変更については、戸籍の筆頭者と配偶者が共同で届出をする必要があるが、いずれか一方が所在不明又は意思能力の欠缺等により意思表示をすることができない場合には、他方のみで変更の届出をすることができる[注]。

　（注）参考として、夫婦の一方が意思を表示することができない場合、他の一方だけで転籍届や分籍届ができるとする先例がある（昭和23年2月20日付民事甲第87号民事局長回答(2)）。

Q79 改正法附則第7条第1項にいう、改正法の「施行の際現に戸籍に記載されている者（筆頭者を除く。）であって、第3号施行日以後に新たに編製される……新戸籍……の筆頭に記載されるもの」とは、具体的に誰を指すのか（改正法附則第7条第1項）。

A 　既に戸籍に記載されている者のうち、戸籍の筆頭者ではないことから、当該戸籍の氏の振り仮名について届出資格はなかったものの、改正法の施行後に、婚姻や分籍などによって新たに編製された新戸籍において初めて戸籍の筆頭者となり、当該新戸籍の氏の振り仮名について届出資格を有することとなった者を指す。

Q80 未成年者又は成年被後見人は名の振り仮名等の届出をすることができるのか（改正法附則第8条第1項及び第2項関係）。

A 　戸籍に記載されている者が未成年者[注]又は成年被後見人である場合には、戸籍法第31条第1項の趣旨に照らし、親権者又は後見人が届出をすることができる。もっとも、本人が届出をすることも妨げられない。

　（注）　未成年者については、「大体満15歳に達すれば、意思能力を有するものとして取り扱う」こととされていることから（青木義人＝大森政輔『戸籍法〔全訂版〕』224頁（日本評論社、1982年）、原則として、15歳未満の者からの届出は受理しないが、個別の事案に応じて、意思能力があると判断すれば、届出を受理することは差し支えないものと考えられる。

（参照条文）　戸籍法（昭和22年法律第224号）
第31条　届出をすべき者が未成年者又は成年被後見人であるときは、親権を行う者又は後見人を届出義務者とする。ただし、未成年者又は成年被後見人が届出をすることを妨げない。
②　（略）

Q81 既に戸籍に記載されている者に係る氏名の振り仮名等について、届出資格者から届出がないときに、本籍地の市区町村長が管轄法務局長等の許可を得て戸籍に記載することにしたのはなぜか。また、その際の振り仮名は、何を元に記載するのか（改正法附則第9条第1項～第3項関係）。

A 1　既に戸籍に記載されている者の正確な氏名の振り仮名等を戸籍に記載できるよう、氏の振り仮名等については戸籍の筆頭者が、名の振り仮名等については各人が、届け出ることができるとされた（改正法附則第6条～第8条）。

2　もっとも、届出がない場合に、戸籍に氏名の振り仮名等が記載されないとすれば、戸籍には氏名の振り仮名等の記載があるものとないものとが併存することになり、戸籍において氏名の振り仮名等を特定の時点で一つに特定して登録・公証し、これを官民の手続で利用して、各種情報システムにおける検索や管理等の能率、各種サービスの質を向上させ、デジタル社会の重要なインフラを構築するという、当初の目的が達成できなくなる。

　そのため、国民全体に大きな負担を与えることなく、戸籍に氏名の振り仮名等を記載する観点から、施行日から1年間の届出期間を経過した場合には、速やかに市区町村長が氏名の振り仮名等を戸籍に記載することとされたものである。

　なお、市区町村長が氏名の振り仮名等を戸籍に記載するに当たり、管轄法務局長等の許可が必要とされたのは、氏名の振り仮名等の記載について統一的な対応が必要と考えられるためである。

3　本籍地の市区町村長が戸籍に記載する氏名の振り仮名等については、住民票において市区町村が事務処理の用に供するため便宜上保有するふりがな情報等を参考にすることとしている。

Q82　改正法附則第9条第3項後段において、氏名の振り仮名とみなす規定に戸籍法第107条の3及び第107条の4の規定が挙げられていないのはなぜか（改正法附則第9条第3項関係）。

A　1　改正法附則第9条第3項前段は、本籍地の市区町村長が氏名の振り仮名に代えて、既に戸籍に記載されている者に使用されていると認める一般の読み方以外の氏の読み方又は名の読み方を示す文字を戸籍に記載することができることを定めるものである。また、この前段を受け、同項後段は、氏名の振り仮名に係る規定につき、一般の読み方以外の氏の読み方又は名の読み方を示す文字を氏名の振り仮名とみなした上で適用されることを定めるものである。

2　ここで、戸籍法第107条の3及び第107条の4は、それぞれ、家庭裁判所の許可を得て氏の振り仮名又は名の振り仮名を変更することができる旨の規定であるところ、改正法附則第9条第3項に基づき戸籍に記載されるものは、一般の読み方以外の氏の読み方又は名の読み方を示す文字であり、一度に限り、家庭裁判所の許可を得ることなく、届出のみで変更することができるものであることから（改正法附則第10条〜第12条）、戸籍法第107条の3及び第107条の4の規定が挙げられなかったものである。

Q83 本籍地の市区町村長が戸籍に記載しようとする氏名の振り仮名等をあらかじめ通知することにしたのはなぜか。また、「あらかじめ通知することが困難である場合」とはどのような場合をいうのか（改正法附則第 9 条第 4 項関係）。

A 1　氏名の振り仮名等は、個人を特定するための重要な要素であるところ、その届出資格者が届出をしない場合に、戸籍に記載されることになる氏名の振り仮名等をあらかじめ確認することができるようにすることで、当該届出資格者が施行日から 1 年以内に氏名の振り仮名等の届出をしたり、本籍地の市区町村長が戸籍に記載した後に氏名の振り仮名等の変更の届出をしたりする機会を確保するためである。

2　また、「あらかじめ通知することが困難である場合」とは、海外に転居しているなどして住民票が消除されている場合等が該当すると考えられる。

3　なお、戸籍の氏名の振り仮名等に関する通知について、法制審議会戸籍法部会において、住民の住所やふりがな情報を把握している住所地の市区町村長が対応すべきとの議論もあったが、最終的には、戸籍事務の取扱いであるという理由から、戸籍事務を管掌する本籍地の市区町村長が対応すべきものとされた。

Q84 本籍地の市区町村長から通知を受けた氏名の振り仮名等を、そのまま氏名の振り仮名等としたい場合には、届出をする必要はないのか（改正法附則第9条第4項関係）。

A 　既に戸籍に記載されている者については、氏名の振り仮名等の届出義務は課されていない。

　もっとも、戸籍の正確性を担保するためには、届出資格者から届け出られたものを戸籍に記載することが望ましいこと、届出資格者から届出がないとして、後日、本籍地の市区町村長が記載する件数が相当数に及ぶ場合には、当該本籍地の市区町村の戸籍事務担当者の負担が大きくなることから、可能な限り、届出期間内に届け出ていただくのが望ましいと考えられる。

　この点、届出は、市区町村役場に来庁した際に戸籍窓口を往訪する方法だけでなく、郵送や使者による方法も可能であるほか、マイナポータルを活用する方向で検討が進められており、様々な方法が用意されている。

　一人でも多くの国民に、氏名の振り仮名等を届け出ていただけるよう、戸籍に振り仮名を記載する必要性はもちろん、こうした氏名の振り仮名等の届出方法等を含めた制度全体の仕組みについて、周知・広報することが予定されている。

Q85 本籍地の市区町村長が戸籍に記載した氏の振り仮名等を変更する旨の届出に期限はないのか（改正法附則第10条第1項〜第4項、第7項、第11条関係）。

A 　1　本籍地の市区町村長が戸籍に記載した氏の振り仮名等については、現に使用していない氏の振り仮名等である可能性があり、既に戸籍に記載されている者の氏の振り仮名等として適切でないこともあり得ることから、これを変更する機会を確保するため、変更の届出については期限を設けていない。

2　本籍地の市区町村長が戸籍に記載した氏の振り仮名等は、住民基本台帳やマイナンバーカード等にも使用されることになることから、戸籍事務以外の行政手続等において、戸籍に記載されている氏の振り仮名等が現に使用していないものであることが判明した場合には、その機会に氏の振り仮名等の変更の届出をすることが考えられる。

3　なお、本籍地の市区町村長が戸籍に記載した振り仮名と同じ振り仮名を届けようとしても、それは「変更」に当たらないことから、その場合には氏の振り仮名等を変更する旨の届出をすることができないものと考えられる。

4　以上については、名の振り仮名等の変更についても同様である。

Q86　結局、届出をしない場合に、本籍地の市区町村長が氏名の振り仮名等を戸籍に記載するというのであれば、届出をさせずに、当初から、戸籍に氏名の振り仮名等を記載すれば良いのではないのか。

A　1　氏名の振り仮名等の届出の仕組みは、既に戸籍に記載されている当事者に対し、正しい氏名の読み方を戸籍に記載することを保障するために設けられたものであり、氏名の読み方を熟知している者が届出をすることが望ましい。

2　もっとも、届出が負担とならないよう、改正法の施行日から1年以内に氏名の振り仮名等の届出がない場合には、本籍地の市区町村長が、住民票において市区町村が事務処理の用に供するため便宜上保有するふりがな情報等を参考にして、氏名の振り仮名等を戸籍に記載することが予定されている。

3　これは、市区町村が便宜上保有するふりがな情報等が戸籍の筆頭者が現に使用している読み方か、それに近いものである可能性があることを踏まえたものであり、市区町村長が具体的な根拠なく、戸籍に氏名の振り仮名等を記載することは適切ではないものと考えられる。

Q87 氏の振り仮名等の変更の届出について、戸籍の筆頭者のみではなく、配偶者とともに届出をしなければならないのはなぜか（改正法附則第 10 条第 6 項関係）。

A 1　氏を変更しようとするときは、戸籍の筆頭者と配偶者とが共同で届け出なければならないとされている（戸籍法第 107 条第 1 項）。

　これは、氏の変更が同一戸籍内の全ての者に及ぶ一方で、同籍者全員に変更の届出をさせるのは煩雑であることが考慮されたものである（青木義人＝大森政輔『戸籍法〔全訂版〕』441 頁（日本評論社、1982 年））。

2　戸籍の筆頭者が氏の振り仮名等を届け出ないことにより、本籍地の市区町村長によって戸籍に氏の振り仮名等が記載された以上、これを変更することは、戸籍に記載された氏を変更することと同様であると考えられるため、氏の振り仮名等の変更の届出については、戸籍の筆頭者が配偶者とともにしなければならないとされたものである。

Q88 改正法附則第11条にいう「〔本籍地の市区町村長により氏の振り仮名等が記載された〕戸籍に記載されている者（筆頭者を除く。）であって〔施行日以後に新たに編製される〕新戸籍の筆頭に記載されるもの」とは、具体的に誰を指すのか（改正法附則第11条関係）。

A 1　本籍地の市区町村長が氏の振り仮名等を記載した戸籍に記載されている者のうち、当該戸籍の筆頭者ではないことから、当該戸籍の氏の振り仮名等の変更について届出資格はなかったものの、その後に、婚姻や転籍などによって新たに編製された新戸籍において戸籍の筆頭者となり、当該新戸籍について氏の振り仮名等の変更の届出資格を有することとなった者を指す。

　新戸籍が編製される日前の戸籍や当該新戸籍について既に届出資格者から氏の振り仮名等の変更の届出がされた場合には、これらに重ねて変更の届出をすることはできない。

2　改正法附則第11条が準用する改正法附則第10条第1項及び第3項（同条第2項及び第4項も同じ。）において、括弧書きで既に届出をした者が除かれているため、改正法附則第11条による変更は一度に限られる。

3　なお、新戸籍が編製される日前の戸籍について、既に届出資格者から氏の振り仮名等の変更の届出がされた場合については、改正法附則第11条ただし書において規定されている。

Q89 本籍地の市区町村長が、既に戸籍に記載されている者に係る氏名の振り仮名等に関する情報の提供を求める場合として、どのような場合が考えられるのか（改正法附則第13条関係）。

A 1　例えば、氏名の振り仮名等の届出の際、窓口に来庁した届出人から、届書に記載された氏名の振り仮名等について、具体的な公的機関名を示し、そこで既に本人を示すものとして登録、管理されているので確認してもらいたいとの申出があった場合に、市区町村長から当該公的機関に照会することが考えられる。

2　なお、住民票において市区町村が事務処理の用に供するため便宜上保有するふりがな情報については、本規定ではなく、住民基本台帳法第30条の10第1項第3号及び第30条の12第1項第3号の規定を根拠として、戸籍の附票の記載事項を確認する目的で提供を受けることが可能と解されている。

Q90 令和5年において、令和5年改正（氏名の振り仮名の法制化）のほか、戸籍法についてどのような改正がされたのか。

A 1　令和5年には、①民事関係手続等における情報通信技術の活用等の推進を図るための関係法律の整備に関する法律（令和5年法律第53号）及び②地域の自主性及び自立性を高めるための改革の推進を図るための関係法律の整備に関する法律（令和5年法律第58号）により戸籍法の一部が改正されている。

2　①民事関係手続等における情報通信技術の活用等の推進を図るための関係法律の整備に関する法律については、その第226条において、届書に裁判又は判決の謄本等を添付することを定める戸籍法第38条第2項、第63条、第111条、第115条及び第116条の規定の改正が行われている（施行日は、令和5年6月14日から起算して5年を超えない範囲内において政令で定める日）。

これは、民事関係手続等における情報通信技術の活用等の推進を図るための関係法律の整備に関する法律第219条による人事訴訟法（平成15年法律第109号）の一部改正において、電磁的記録による裁判書及び調書等の作成を可能とする改正があったことに伴い、改正されたものである。

具体的には、戸籍法第38条第2項、第63条、第111条、第115条及び第116条の規定において、従来の裁判（判決）の謄本に代えて、裁判（判決）の内容を記載した書面であって裁判所書記官が当該書面の内容が当該裁判（判決）の内容と同一であることを証明したものを添付することができることとする改正のほか、現代語化するため、「訴」を「訴え」と、「添附」を「添付」と改める字句の修辞的な改正が行われている。

3　②地域の自主性及び自立性を高めるための改革の推進を図るための関係法律の整備に関する法律は、その第6条において、戸籍証明書等の広域交付を定める戸籍法第120条の2第1項及び戸籍電子証明書等の提供の請求等を定める同法第120条の3（第3項を除く。）の規定の改正が行われている。

具体的な内容については、実質改正を伴うものであるため、第2編の逐条解説に詳しく説明することとしたので、そちらを参照されたい。

第2編

逐条解説

第1章 令和元年改正 （戸籍情報の連携等）

第1節　総論

1　改正の経緯

　令和元年における戸籍法改正の主なものは、戸籍法の一部を改正する法律（令和元年法律第17号）によって行われた戸籍情報の連携（行政手続において戸籍に関する情報を必要とする各種行政機関等との間で行う戸籍に関する情報の受渡しをいう。以下同じ。）に係るものである[注]（以下この章において、この法律を「改正法」といい、改正法による戸籍法改正を「令和元年改正」という。）。

　戸籍情報の連携については、まず、マイナンバー制度の創設に関連して行政手続における特定の個人を識別するための番号の利用等に関する法律（以下「マイナンバー法」という。）に基づいてすることが検討され、それに併せてマイナンバーを利用しない行政事務を所管する行政機関等（市区町村長を含む。）への対応も検討されることとなった。

　マイナンバーを利用できる事務は、当時、社会保障・税・災害の3分野に限定されていたが、平成25年に成立したマイナンバー法の制定に向けた検討段階においては、戸籍の分野もマイナンバーの利用範囲とすることが検討されたが、全市区町村における戸籍事務のコンピュータ化が完了していない等の理由から、見送られた経緯がある。マイナンバー法の原始附則には、施行後3年を目途とする見直し条項が設けられたところ、全国知事会から、戸籍等の情報を始め、聖域を設けることなく検討を進めるべきである旨の要請がされ、政府内においても、累次の閣議決定において、戸籍事務をマイナンバーの利用範囲とすることについて検討を行うこと等が盛り込まれた（『日本再興戦略』改訂2014──未来への挑戦」（平成26年6月24日閣議決定）等）。

　こうした状況を踏まえ、法務大臣は、平成29年9月19日、法制審議会に諮問をした（諮問第105号）。この諮問を受けて、法制審議会に戸籍法部会（部会長・窪田充見神戸大学大学院法学研究科教授）が設置され、戸籍法部会で

は、同年 10 月以降、12 回にわたって調査審議が行われ、平成 31 年 2 月 1
日、その成果として「戸籍法の改正に関する要綱案」が取りまとめられた。
同月 14 日開催の法制審議会第 183 回会議において、要綱案どおりの内容で
「戸籍法の改正に関する要綱」が採択され、同日、法務大臣に答申された。

　「戸籍法の改正に関する要綱」を踏まえて立案された戸籍法の一部改正法
案は、「戸籍法の一部を改正する法律案」（以下この章において「本法律案」と
いう。）として、平成 31 年 3 月 15 日、第 198 回国会（平成 31 年通常国会）に
提出された。本法律案については、国会で審議された後令和元年 5 月 24 日
に改正法が成立し、同月 31 日に公布された。

　（注）このほか、令和元年には、情報通信技術の活用による行政手続等に係る関係者の
利便性の向上並びに行政運営の簡素化及び効率化を図るための行政手続等における情報通
信の技術の利用に関する法律等の一部を改正する法律（令和元年法律第 16 号。以下「行
政手続オンライン化法等改正法」という。）により戸籍法の一部が改正されているが、こ
れについては後記第 4 章参照。

2　改正の概要

　改正法の内容は、行政手続において戸籍証明書又は除籍証明書（以下「戸
籍証明書等」という。）の添付を省略することができるようにするとの観点か
ら、戸籍に関する情報をマイナンバー法に基づき他の行政機関等に提供する
ことを可能とするための措置や、戸籍又は除かれた戸籍の副本に関する情報
を戸籍事務において利用することを可能とするための措置を講ずることとと
し、個人情報を取り扱うセキュリティ確保の観点から、これらと併せて戸籍
に関する情報の不正利用を防止するための措置を講ずるといったシステムに
関係するもののほか、戸籍の記載の正確性を担保するための規律を見直す措
置を講じる等、多岐にわたっている。このため、施行日についても、改正法
の公布の日から 20 日を経過した日（令和元年 6 月 20 日）にすぐに施行され
るものから（後記⑤、⑥、⑦の一部）、ある程度の周知期間をおいて施行され
るもの（後記①、⑦の残部、⑧）、準備に相当の期間が必要であるとして公布
の日から起算して 5 年を超えない範囲内において政令で定める日に施行され
るものまで（後記②～④）、多岐にわたっている。なお、システムを稼動して
行う措置については、プログラム開発等の様々な準備が必要であることか

ら、時間を要し令和6年3月1日が施行日となっている。

　令和元年改正の概要を具体的に示せば、次のとおりである。

（システム構築を前提とする改正）

　①　法務大臣が、マイナンバー法に基づき行政機関等に提供する戸籍関係情報（マイナンバー法第9条第3項に規定する戸籍関係情報をいう。以下同じ。）を作成するため、戸籍及び除かれた戸籍の副本に記録されている情報を利用することができるようにする（戸籍法第121条の3。以下単に「第○条」という時は戸籍法の条文を指す。）。

　②　戸籍事務について、国のシステムと市区町村長のシステムとを接続したシステム（第118条第1項の電子情報処理組織）によって取り扱うものとし、戸籍の届出についても戸籍証明書等の添付省略を可能とする（第120条の7及び第120条の8等）。

　③　戸籍法第10条第1項に規定する戸籍に記載されている者等一定の者（以下「本人等」という。）については、本籍地以外の市区町村長に対しても、戸籍証明書等の交付を請求できるようにする（第120条の2）。

　④　本人等については、戸籍電子証明書又は除籍電子証明書（以下「戸籍電子証明書等」という。）の提供の請求をすることができ、その場合、市区町村長は、戸籍電子証明書提供用識別符号又は除籍電子証明書提供用識別符号（以下「戸籍電子証明書提供用識別符号等」という。）を発行するものとする（第120条の3）。

　⑤　新たに構築されるシステムによって取り扱われる事務に関する秘密について、法務大臣及び市区町村長に漏えい防止等の措置を講ずることを義務付けるとともに、当該事務の従事者等が秘密を漏えい又は盗用した場合や、戸籍事務の従事者等が戸籍情報を不正利用した場合について罰則を設ける（第121条、第121条の2、第132条及び第133条）。

（その他の改正）

　⑥　管轄法務局長等及び市区町村長の調査権の規定を設ける（第3条第3項及び第27条の3）。

　⑦　戸籍訂正の規定を整理する（第24条及び第114条）。

　⑧　死亡届の届出資格者として任意後見受任者を追加する（第87条第2項）。

第2節　各論（逐条解説）

第1条関係（戸籍事務の管掌者等）

> 第1条　戸籍に関する事務は、この法律に別段の定めがあるものを除き、市町
> 　　村長がこれを管掌する。
> ②　前項の規定により市町村長が処理することとされている事務は、地方自治
> 　　法（昭和二十二年法律第六十七号）第二条第九項第一号に規定する第一号法
> 　　定受託事務とする。

　本条は、第1項において戸籍に関する事務の管掌者は、市区町村長であることを、第2項において戸籍に関する事務は、地方自治法（昭和22年法律第67号）第2条第9項第1号に定める第1号法定受託事務であることを定めるものである。

　令和元年改正では、戸籍証明書等の添付省略を実現するため、戸籍に関する事務として、法務大臣が戸籍関係情報を作成し（第121条の3）、これをマイナンバー法第19条第8号の情報照会者又は同条第9号の条例事務関係情報照会者に提供することや、市区町村長に戸籍又は除かれた戸籍の副本に記録された情報等の提供を行うこと（第120条の7等参照）としており、新たに法務大臣が戸籍に関する事務を行う権限が規定された。

　これらの事務は、従来、市区町村長が単独で行っていた事務やその他の機関が行ってきた事務とは異なり、法務大臣自らが主体となって事務を行うものといえる。そこで、第1項において、「戸籍に関する事務は、この法律に別段の定めがあるものを除き、」市区町村長が管掌することとし、市区町村長以外に戸籍に関する事務を行う主体が法律上存在することを明らかにしたものである。これに伴い、第1号法定受託事務となるのは、市区町村長が処理することとされている事務に限られることとなったため、第2項の文言も併せて改正されたものである。

第3条第3項関係（戸籍事務処理の基準・関与）

第3条　（略）

②　（略）

③　管轄法務局長等は、市町村長から戸籍事務の取扱いに関する照会を受けたときその他前項の規定による助言若しくは勧告又は指示をするために必要があると認めるときは、届出人、届出事件の本人その他の関係者に対し、質問をし、又は必要な書類の提出を求めることができる。

④　（略）

　本項は、市区町村等の役場の所在地を管轄する法務局又は地方法務局の長（以下「管轄法務局長等」という。）が市区町村長から戸籍の届出等についての受理照会を受けたときや助言や指示等をするために必要があると認めるときに、届出人、届出事件の本人その他の関係者に対し、質問をし、又は必要な書類の提出を求めることができることを定めるものである。

　一般に、行政調査は、任意調査の範囲内であれば、法律の根拠がなくともこれを国民等に対して行うことができると考えられているところ、調査の対象となる者に対して当該調査の行政目的を明らかにすることが戸籍に係る事務処理を円滑に進めることにつながると考えられることや国の地方自治体に対する関与については法律で明確化することが望ましいことから、管轄法務局長等の調査権限を明らかにする規定を設けることとしたものである。

　なお、この規定は、管轄法務局長等の実施する任意調査について、法律上の根拠規定を設けるものであるため、これに応じない届出人その他の関係者に対して過料等を科すこととはされていない。

第24条第1項〜第3項関係（錯誤遺漏の通知・職権による戸籍訂正）

> 第24条　戸籍の記載が法律上許されないものであること又はその記載に錯誤若しくは遺漏があることを発見した場合には、市町村長は、遅滞なく届出人又は届出事件の本人にその旨を通知しなければならない。ただし、戸籍の記載、届書の記載その他の書類から市町村長において訂正の内容及び事由が明らかであると認めるときは、この限りでない。
> ②　前項ただし書の場合においては、市町村長は、管轄法務局長等の許可を得て、戸籍の訂正をすることができる。
> ③　前項の規定にかかわらず、戸籍の訂正の内容が軽微なものであつて、かつ、戸籍に記載されている者の身分関係についての記載に影響を及ぼさないものについては、同項の許可を要しない。
> ④　（略）

1　第24条第1項及び第2項関係

　第1項は、戸籍の記載が法律上許されないものであること又はその記載に錯誤若しくは遺漏があることを発見した場合には、戸籍や届書の記載等から市区町村長において訂正の内容及び事由が明らかであると認めるときを除き、市区町村長が遅滞なく届出人又は届出事件の本人にその旨を通知し、第113条以下の戸籍訂正の手続を促すことを定めるものである。

　第2項は、戸籍や届書の記載等から訂正の内容及び事由が明らかであるときは、市区町村長が管轄法務局長等の許可を得て、職権で戸籍の訂正をすることができることを定めるものである。

　令和元年改正前は、錯誤又は遺漏が市区町村長の過誤によるものである場合を除き、届出人等に対し、すべからく通知することとされていたが、訂正すべき内容及び事由が客観的に明白な場合にまで通知を行い、裁判所への戸籍訂正の申立てを促すことは迂遠であることから、市区町村長において、戸籍の記載、届書の記載その他の書類から訂正の内容及び事由が明らかであるときは、第113条以下の戸籍訂正の手続によらずに、管轄法務局長等の許可を得て職権で戸籍訂正をすることができるようにするとともに（第2項の改正）、そのような職権訂正をする場合には、届出人等に対する通知を要しないとする改正が行われた（第1項ただし書の改正）。

2　第24条第3項関係

　第3項は、戸籍の訂正の内容が軽微なものであって、かつ、戸籍に記載されている者の身分関係についての記載に影響を及ぼさないものについては、管轄法務局長等の許可を得ることなく、市区町村長限りで職権で訂正することができることを定めるものである。

　戸籍実務上、先例・通達により、戸籍の訂正がされても身分関係に影響を及ぼさないような軽微な事項について、戸籍面上誤記・遺漏があることが明白な場合には、管轄法務局長等の包括的な許可があるものとして、市区町村長限りでの職権による戸籍訂正手続を認める運用が定着しているところ、こうした戸籍実務について、法律上の根拠規定を設けることとして新設されたものである。

第27条の3関係（市町村長による調査）

> 第27条の3　市町村長は、次の各号のいずれかに該当すると認めるときは、届出人、届出事件の本人その他の関係者に対し、質問をし、又は必要な書類の提出を求めることができる。
> 一　届出の受理に際し、この法律の規定により届出人が明らかにすべき事項が明らかにされていないとき。
> 二　その他戸籍の記載のために必要があるとき。

　本条は、市区町村長が届出の受理に際し、届出人が明らかにすべき事項が明らかにされていないときのほか、戸籍の記載のために必要があるときは、届出人、届出事件の本人その他の関係者に対し、質問をし、又は必要な書類の提出を求めることができることを定めるものである。

　こうした調査は、任意調査として、令和元年改正前の戸籍法施行規則第63条によって行われてきたところであるが、夫婦関係、親子関係等の親族関係や出生、死亡等といった戸籍によって公証される事項に関して様々な資料の提出や回答を求めるものであることを踏まえると、調査の対象となる者に対して当該調査の行政目的を明らかにすることが戸籍に係る事務処理を円滑に進めることにつながると考えられることや省令によって行われている実務の取扱いを法律で明確にすることが望ましいことから、市区町村長による調査権限を明らかにする規定を設けることとしたものである。

　なお、本条は、第117条により、戸籍訂正の申請についても準用されることとなる。

　おって、この規定は、市区町村長の実施する任意調査について、法律上の根拠規定を設けるものであるため、これに応じない届出人その他の関係者に対して過料等を科すこととはされていない。

第44条第3項及び第4項関係（届出の催告・職権記載）

第44条 （略）

② （略）

③ 前二項の催告をすることができないとき、又は催告をしても届出がないときは、市町村長は、管轄法務局長等の許可を得て、戸籍の記載をすることができる。

④ 第二十四条第四項の規定は、裁判所その他の官庁、検察官又は吏員がその職務上届出を怠つた者があることを知つた場合にこれを準用する。

　市区町村長は、届出を怠った者がいることを知ったときに、相当の期間を定めて届出義務者に期間内に届出をすべき旨を催告するところ（第44条第1項及び第2項）、第3項は、催告をすることができないときや催告をしても届出がないときに、市区町村長自らが管轄法務局長等の許可を得て戸籍の記載をすることができる旨を、第4項は、第24条第4項を準用することで、裁判所その他の官庁等が職務上届出を怠った者があることを知った場合に、遅滞なく届出事件の本人の本籍地の市区町村長にその旨を通知しなければならないことを定めるものである。

　第3項は、令和元年改正前の本条第3項において、「催告をすることができない場合及び催告をしても届出をしない場合」の規律として準用していた第24条第2項が改正され、内容が変更されたことから（前記第24条第2項の解説参照）、実質を書き下し、独立の項としたものであり、本条第3項が新設されたことにより項ずれした第4項は、分離して残された令和元年改正前の本条第3項の規律を整理する改正が行われたものである。

第 87 条第 2 項関係（死亡届の届出資格者）

> 第 87 条　（略）
> ②　死亡の届出は、同居の親族以外の親族、後見人、保佐人、補助人、任意後
> 　見人及び任意後見受任者も、これをすることができる。

　本項は、死亡の届出の資格者を定めるものである。

　令和元年改正により、任意後見人に加え、新たに任意後見受任者（家庭裁判所により任意後見監督人が選任される前における任意後見契約の受任者をいう。）にも死亡届の届出資格が認められた。

　これは、任意後見人と任意後見受任者との違いは、本人の事理弁識能力が十分でない状況となり任意後見監督人が選任されることとなったか否かであって、本人の生死を知ることのできる密接な関係を有する者として迅速・的確な報告が期待できる立場に違いはなく、死亡届出の際の届出資格の審査においても、任意後見受任者であれば、登記事項証明書等によって届出資格を確認することが可能であると考えられたためである。

第114条関係（無効な創設的届出による記載の訂正）

> 第114条　届出によつて効力を生ずべき行為（第六十条、第六十一条、第六十六条、第六十八条、第七十条から第七十二条まで、第七十四条及び第七十六条の規定によりする届出に係る行為を除く。）について戸籍の記載をした後に、その行為が無効であることを発見したときは、届出人又は届出事件の本人は、家庭裁判所の許可を得て、戸籍の訂正を申請することができる。

　本条は、届出によって効力を生ずる、いわゆる創設的届出がされ、戸籍に記載された後に無効であることが発見されたときには、無効の確認が人事訴訟手続の対象とされているものを除き、届出人又は届出事件の本人が家庭裁判所の許可を得て、戸籍の訂正申請をすることができることを定めるものである（家事事件手続法（平成23年法律第52号）別表第一の124の項参照）。

　これは、戸籍実務においては、婚姻、養子縁組等の身分関係の有効、無効など人事訴訟法（平成15年法律第109号）に基づき人事訴訟手続により判断されるべき事項については、本条の対象としない運用がされていたところ、人事訴訟法制定以前の古い先例においては、現在同法において人事訴訟手続の対象とされている事項について本条による戸籍訂正を認めたものがあり、このような古い先例の存在を根拠として、人事訴訟手続の対象とされている事項について戸籍訂正許可審判がされるおそれがあることから、人事訴訟手続の対象とされている事項については、戸籍訂正許可審判の対象とならない旨を法制上明らかにする必要があると考えられたためである。

　なお、人事訴訟手続において当該行為の存否について判断することとされ、本条から除外される「届出によつて効力を生ずべき行為」を列挙すると、任意認知（第60条）、胎児認知（第61条）、養子縁組（第66条）、代諾養子縁組（第68条）、協議離縁（第70条）、代諾離縁（第71条）、死後離縁（第72条）、婚姻（第74条）、協議離婚（第76条）の各届出に係る行為である。

第118条第1項関係（電子情報処理組織による戸籍事務）

> 第118条　法務大臣の指定する市町村長は、法務省令で定めるところにより戸籍事務を電子情報処理組織（法務大臣の使用に係る電子計算機（磁気ディスク（これに準ずる方法により一定の事項を確実に記録することができる物を含む。以下同じ。）及び入出力装置を含む。以下同じ。）と市町村長の使用に係る電子計算機とを電気通信回線で接続した電子情報処理組織をいう。以下同じ。）によつて取り扱うものとする。ただし、電子情報処理組織によつて取り扱うことが相当でない戸籍又は除かれた戸籍として法務省令で定めるものに係る戸籍事務については、この限りでない。
>
> ②　（略）

　本項は、法務大臣の指定する市区町村長（以下「指定市区町村長」という。）は、戸籍事務について、原則として法務大臣の使用に係る電子計算機と当該指定市区町村長の使用に係る電子計算機とを電気通信回線で接続した電子情報処理組織によって取り扱うことを定めるものである。

　令和元年改正前も、指定市区町村長は、各市区町村において個別に管理する電子情報処理組織である戸籍情報システムを利用して戸籍事務を取り扱っていたところ、指定市区町村長が使用する戸籍情報システムは、他の指定市区町村長が使用する戸籍情報システムと連携されているものではなかった。

　令和元年改正後は、法務大臣の使用に係る電子計算機を中心として、各指定市区町村長の使用に係る電子計算機を相互に接続するという一体的な電子情報処理組織が構築されることとなり、令和元年改正前の本条第1項に規定する「電子情報処理組織」の範囲を超えているものと考えられたことから、新たに構築されるシステムの構成に応じた形で「電子情報処理組織」の定義を明らかにしたものである。ここで、法務大臣の使用に係る電子計算機がいわゆる戸籍情報連携システム（狭義）に、指定市区町村長の使用に係る電子計算機がいわゆる戸籍情報システムに該当し、戸籍事務を電子情報処理組織によって取り扱うということは、これらのシステムをネットワークでつなぎ、指定市区町村長が戸籍情報連携システムを利用して戸籍事務を実施することを意味している[注]。

　なお、指定市区町村長は、戸籍事務の全部を電子情報処理組織によって取り扱うものとしており、戸籍事務の一部についてのみ電子情報処理組織に

よって取り扱うことを認める必要性がなくなったことから、令和元年改正前の本条第1項における「全部又は一部」という文言が削除された。もっとも、電子情報処理組織によっては取り扱うことができない、いわゆる改製不適合戸籍がなお残存していることから、本項ただし書において、例外的な取扱いが許容されることを明らかにしている。

（注）実務上は、「第118条第1項の電子情報処理組織」全体を戸籍情報連携システム（広義）と呼ぶことがある。

第119条の2関係（法務大臣による戸籍又は除かれた戸籍の副本の保存）

> 第119条の2　前条の規定により磁気ディスクをもつて調製された戸籍又は除かれた戸籍の副本は、第八条第二項の規定にかかわらず、法務大臣が保存する。

　本条は、紙をもって調製された戸籍と磁気ディスクをもって調製された戸籍について、ともに管轄法務局若しくは地方法務局又はその支局において当該戸籍の副本を保存する旨を定めている第8条第2項の特例として、磁気ディスクをもって調製された戸籍及び除かれた戸籍の副本については、法務大臣が保存することを定めるものである。

　これは、法務大臣がマイナンバー法に基づく情報連携により提供する戸籍関係情報の作成に関する根拠規定（第121条の3）を設けるに当たり、磁気ディスクをもって調製された戸籍及び除かれた戸籍の副本について法務大臣が責任を持って管理すべきであること、また、実態としても戸籍副本データ管理システムを通じて法務大臣が保存していることも踏まえ、磁気ディスクをもって調製された戸籍及び除かれた戸籍の副本については、法務大臣が保存することを法制上明らかにする必要があると考えられたためである。

第120条関係（戸籍証明書等）

> 第120条　第百十九条の規定により戸籍又は除かれた戸籍が磁気ディスクをも
> つて調製されているときは、第十条第一項又は第十条の二第一項から第五項
> まで（これらの規定を第十二条の二において準用する場合を含む。）の請求
> は、戸籍謄本等又は除籍謄本等に代えて、磁気ディスクをもつて調製された
> 戸籍に記録されている事項の全部若しくは一部を証明した書面（以下「戸籍
> 証明書」という。）又は磁気ディスクをもつて調製された除かれた戸籍に記
> 録されている事項の全部若しくは一部を証明した書面（以下「除籍証明書」
> という。）についてすることができる。
> ②　戸籍証明書又は除籍証明書は、第百条第二項及び第百八条第二項の規定並
> びに旅券法（昭和二十六年法律第二百六十七号）その他の法令の規定の適用
> については、戸籍又は除かれた戸籍の謄本又は抄本とみなす。

　第1項は、戸籍又は除かれた戸籍が磁気ディスクをもって調製されている
場合には、戸籍謄抄本又は除籍謄抄本に代えて、戸籍又は除かれた戸籍に記
録されている事項の全部又は一部を証明した書面である戸籍証明書又は除籍
証明書の交付請求をすることができることを定めるものである。

　第2項は、戸籍謄抄本又は除籍謄抄本の添付を求める法令の適用につい
て、戸籍証明書又は除籍証明書をそれらとみなすことを定めるものである。

　令和元年改正では、市区町村長において戸籍事務を電子情報処理組織によ
り取り扱うことが一般化してきたこと、新たに戸籍電子証明書等の提供に係
る制度を創設すること（第120条の3）等を踏まえ、戸籍証明書及び除籍証
明書の名称を定め、定義付けをする改正が行われたもので、条文の実質に変
更はない。

第120条の2関係（戸籍証明書等の広域交付）

第120条の2　第百十九条の規定により戸籍又は除かれた戸籍が磁気ディスク
をもつて調製されているときは、第十条第一項（第十二条の二において準用
する場合を含む。次項及び次条（第三項を除く。）において同じ。）の請求
は、いずれの指定市町村長（第百十八条第一項の規定による指定を受けてい
る市町村長をいう。以下同じ。）に対してもすることができる。

② 　前項の規定によりする第十条第一項の請求（本籍地の市町村長以外の指定
市町村長に対してするものに限る。）については、同条第三項及び第十条の
三第二項の規定は適用せず、同条第一項中「現に請求の任に当たつている
者」とあり、及び「当該請求の任に当たつている者」とあるのは、「当該請
求をする者」とする。

※条文は、令和元年改正当時のもの（令和5年に一部改正あり）

1　第120の2第1項関係

本項は、本人等は、本籍地の指定市区町村長のみならず、本籍地以外の指
定市区町村長に対しても、戸籍証明書等の交付請求をすることができること
を定めるものである。

本籍地の指定市区町村長は、自らが管理する戸籍情報システムを利用して
戸籍証明書等を交付することができるが、令和元年改正後は、法務大臣が管
理する戸籍情報連携システムと指定市区町村長が管理する戸籍情報システム
とをネットワークでつなぎ、指定市区町村長が戸籍情報連携システムを利用
することによって請求者の本籍地の戸籍又は除かれた戸籍の副本の情報を出
力できるようになることから、本籍地以外の指定市区町村長も戸籍証明書等
を交付することができるようになる（広域交付）。

もっとも、広域交付については、市区町村長の立場から見れば、誰からで
も一括して戸籍証明書等の交付を求められる可能性があるということであ
り、都市部の市区町村長等、一部の特定の市区町村長に対する請求が集中
し、戸籍証明書等の交付に係る事務負担が過度に増大しかねないことへの懸
念の声が強かったことを踏まえ、本人等による請求に限定されている。これ
はまた、所定の要件を満たす必要があり、本人等による請求に比して交付の
可否に係る判断が難しい第三者による請求についてまで広域交付を認める
と、審査が煩雑になり事務の停滞を招きかねないこと、第三者による請求に

よらなくても、本人等がそれぞれ広域交付により取得した戸籍証明書等を持ち寄って遺産分割協議等を行うこともできること、一度の手続により広範な戸籍証明書等を取得することが可能となることから、戸籍に関する情報の保護を図る必要性がより高まること等も考慮されたものである。

2　第120の2第2項関係

　本項は、第1項の請求（広域交付）については、郵送による請求や代理人による請求は認められないことを定めるものである。

　これは、広域交付では、一度の手続において交付を求めることができる戸籍証明書等の範囲が広がることもあり、戸籍に関する情報を保護する観点から、厳格な本人確認の下で交付を行う必要があると考えられたことのほか、市区町村長の事務処理に係る負担も考慮されたものである。

　なお、本人確認については、これを厳格に行う観点から、マイナンバーカードや運転免許証等の写真付き身分証明書によって行うことを法務省令で定めることが想定されている。

第120条の3関係（戸籍電子証明書等の提供の請求）

第120条の3　前条第一項の規定によりする第十条第一項の請求は、戸籍電子証明書（第百十九条の規定により磁気ディスクをもつて調製された戸籍に記録された事項の全部又は一部を証明した電磁的記録（電子的方式、磁気的方式その他人の知覚によつては認識することができない方式で作られる記録であつて、電子計算機による情報処理の用に供されるものとして法務省令で定めるものをいう。以下同じ。）をいう。以下同じ。）又は除籍電子証明書（第百十九条の規定により磁気ディスクをもつて調製された除かれた戸籍に記録された事項の全部又は一部を証明した電磁的記録をいう。以下同じ。）についてもすることができる。

②　前項の規定によりする第十条第一項の請求があつたときは、指定市町村長は、当該請求をした者に対し、戸籍電子証明書提供用識別符号（当該請求に係る戸籍電子証明書を識別することができるように付される符号であつて、法務省令で定めるものをいう。以下同じ。）又は除籍電子証明書提供用識別符号（当該請求に係る除籍電子証明書を識別することができるように付される符号であつて、法務省令で定めるものをいう。以下同じ。）を発行するものとする。

③　指定市町村長は、行政機関等（情報通信技術を活用した行政の推進等に関する法律（平成十四年法律第百五十一号）第三条第二号に規定する行政機関等その他の法務省令で定める者をいう。）から、法務省令で定めるところにより、前項の規定により発行された戸籍電子証明書提供用識別符号又は除籍電子証明書提供用識別符号を示して戸籍電子証明書又は除籍電子証明書の提供を求められたときは、法務省令で定めるところにより、当該戸籍電子証明書提供用識別符号に対応する戸籍電子証明書又は当該除籍電子証明書提供用識別符号に対応する除籍電子証明書を提供するものとする。

④　第一項の規定によりする第十条第一項の請求については、同項中「交付」とあるのは、「第百二十条の三第三項の規定により同項に規定する行政機関等に提供すること」とし、同項の請求（本籍地の市町村長以外の指定市町村長に対してするものに限る。）については、同条第三項及び第十条の三第二項の規定は適用せず、同条第一項中「現に請求の任に当たつている者」とあり、及び「当該請求の任に当たつている者」とあるのは、「当該請求をする者」とする。

※条文は、令和元年改正当時のもの（令和5年に一部改正あり）

　第1項は、本人等は、本籍地の指定市区町村長のみならず、本籍地以外の指定市区町村長に対しても、戸籍又は除かれた戸籍に記録された事項の全部又は一部を証明した電磁的記録である戸籍電子証明書等の請求ができることを定めるものである。

　第2項は、戸籍電子証明書等の請求を受けた指定市区町村長は、これらに紐付いたパスワードである戸籍電子証明書提供用識別符号等を発行することを定めるものである。

　第3項は、指定市区町村長が、第1項の請求者を通じて戸籍電子証明書提供用識別符号等の提供を受けた行政機関等から、これらを示して戸籍電子証明書等の提供を求められた場合、戸籍電子証明書提供用識別符号等に対応する戸籍電子証明書等を提供することを定めるものである。

　第4項は、第10条第1項の読み替えにより、本条第1項の請求とは、第3項の規定により戸籍電子証明書等を行政機関等に提供することを請求するものであることを明らかにするとともに、本籍地以外の指定市区町村長に対する請求については、郵送による請求や代理人による請求は認められないことなどを定めるものである。

　なお、戸籍電子証明書等について郵送による請求や代理人による請求が認められていないのは、広域交付と同様、一度の手続において提供を求めることができる戸籍電子証明書等の範囲が広いこともあり、戸籍に関する情報を保護する観点から、厳格な本人確認の下で提供を行う必要があると考えられたことのほか、指定市区町村長の事務処理に係る負担が考慮されたものである。

　本条による戸籍電子証明書等の提供の仕組みは、令和元年改正後は、戸籍情報連携システムを利用することにより、システム上、電磁的な証明書を提供することが可能となること、申請等の行政手続において、行政機関等がこの電磁的な証明書に紐付いたパスワードの提供を受け、電磁的な証明書を確認することによって、紙の戸籍証明書等の添付を省略することが期待できることを想定して考えられたものである。

　また、これに併せ、情報通信技術を活用した行政の推進等に関する法律（平成14年法律第151号。以下「デジタル手続法」という。）第11条について、

行政機関等がこうしたパスワードの提供を受けることを想定して、戸籍謄抄本又は除籍謄抄本について添付省略を可能とする改正が行われた（改正法附則第8条）。

第120条の4関係（届書等情報の法務大臣への提供）

> 第120条の4　指定市町村長は、この法律の規定により提出すべきものとされている届書若しくは申請書又はその他の書類で戸籍の記載をするために必要なものとして法務省令で定めるもの（以下この項において「届書等」という。）を受理した場合には、法務省令で定めるところにより、当該届書等の画像情報（以下「届書等情報」という。）を作成し、これを電子情報処理組織を使用して、法務大臣に提供するものとする。
> ②　前項の規定により届書等情報の提供を受けた法務大臣は、これを磁気ディスクに記録するものとする。

　第1項は、戸籍の記載をするために必要な届書等の書類を受理した指定市区町村長は、この書類を画像情報化した届書等情報を作成し、これを指定市区町村長が管理する戸籍情報システムと法務大臣が管理する戸籍情報連携システムとをつなぐネットワークを利用して、法務大臣に提供することを定めるものである。

　第2項は、第1項により届書等情報の提供を受けた法務大臣が届書等情報を戸籍情報連携システムに記録して保存することを定めるものである。

　これは、指定市区町村長において届書等をスキャナーで読み取って電磁的記録化したものを法務大臣に送信して、必要に応じ、法務大臣がこれを各指定市区町村長の戸籍事務に供することができるようにすることで、届出人に複数の届書等の提出を求めることを不要とするとともに（第120条の5第2項及び第4項）、市区町村間の届書等の郵送処理を廃し、戸籍事務を効率化することを目的とするものである。

第120条の5関係（届書等情報の提供を受けた旨の通知）

第120条の5　二箇所以上の市役所又は町村役場で戸籍の記載をすべき場合において、届出又は申請を受理した市町村長が指定市町村長であり、かつ、当該届出又は申請により戸籍の記載をすべき市町村長（当該届出又は申請を受理した市町村長を除く。）のうち指定市町村長であるもの（以下この項において「戸籍記載指定市町村長」という。）があるときは、法務大臣は、戸籍記載指定市町村長に対し、前条第一項の提供を受けた旨を通知するものとする。

②　前項の場合においては、第三十六条第一項及び第二項（これらの規定を第百十七条において準用する場合を含む。）の規定にかかわらず、提出すべき届書又は申請書の数は、戸籍の記載をすべき市町村長の数から当該市町村長のうち指定市町村長であるものの数を減じた数に一を加えた数とする。

③　本籍地外で届出又は申請をする場合（二箇所以上の市役所又は町村役場で戸籍の記載をすべき場合を除く。）であつて、届出又は申請を受理した市町村長及び当該届出又は申請により戸籍の記載をすべき市町村長がいずれも指定市町村長であるときは、法務大臣は、当該戸籍の記載をすべき指定市町村長に対し、前条第一項の提供を受けた旨を通知するものとする。

④　前項の場合においては、第三十六条第二項（第百十七条において準用する場合を含む。）の規定は、適用しない。

　第1項は、2箇所以上の市区町村で戸籍の記載が必要となる場合（例えば、夫及び妻の本籍地でない市区町村を新たな本籍地と定め、婚姻届を提出する場合等）において、届出又は申請を受理した市区町村長が指定市区町村長であり、戸籍の記載をする市区町村長のうちに一つでも指定市区町村長があるときには、第120条の4により法務大臣に届書等情報が提供されることを前提に、法務大臣が、第118条第1項の電子情報処理組織を利用して戸籍の記載をする指定市区町村長に対し、届書等情報の提供を受けたことを通知することを定めるものである。

　第2項は、2箇所以上の市区町村で戸籍の記載をする場合や本籍地以外で戸籍の届出をする場合に届書を複数提出しなければならないとする第36条第1項及び第2項の規定（第117条において準用する場合を含む。）にかかわらず、届出又は申請を受理する市区町村長に提出する届書又は申請書の通数については、当該市区町村長用に最低限、1通のみ提出することで足り、戸籍

の記載をするに当たり第118条第1項の電子情報処理組織を利用して届書等情報を確認することができる指定市区町村長の数を差し引くことができることを定めるものである。

第3項は、第1項のように2箇所以上の市区町村で戸籍の記載をするわけではないが、本籍地以外で戸籍の届出又は申請をすることにより受理地と本籍地とで戸籍事務を行う必要がある場合に、届出又は申請を受理した市区町村長及び戸籍の記載をすべき市区町村長がいずれも戸籍事務を第118条第1項の電子情報処理組織によって取り扱っているときは、第120条の4により法務大臣に届書等情報が提供されることを前提に、法務大臣が、当該電子情報処理組織を利用して戸籍の記載をする指定市区町村長に対し、届書等情報の提供を受けたことを通知することを定めるものである。

第4項は、第3項の場面においては、届出又は申請を受理した市区町村長及び戸籍の記載をする市区町村長のいずれもが、指定市区町村長として第118条第1項の電子情報処理組織を利用して届書等情報を確認することができることから、本籍地以外で戸籍の届出又は申請をする場合に当該届出地又は申請地用として届書を1通加えて提出しなければならないとする第36条第2項の規定（第117条において準用する場合を含む。）の適用を除外して、1通の届書を加えて提出する必要がないことを定めるものである。

これらは、令和元年改正後は、法務大臣が管理する戸籍情報連携システムと指定市区町村長が管理する戸籍情報システムとをネットワークでつなぎ、指定市区町村長が戸籍情報連携システムを利用することによって届書等情報を参照できるようになることから、届出人に届書を複数提出させる必要がなくなるため、法務大臣から戸籍の記載をする指定市区町村長に対する通知について定めるとともに、提出すべき届書又は申請書の数を整理したものである。また、これにより、従前行っていた戸籍の記載をすべき市区町村長への届書類の送付事務の負担軽減も図られることが期待されている。

第 120 条の 6 関係（届書等情報の内容についての証明書の請求）

第 120 条の 6 利害関係人は、特別の事由がある場合に限り、届出若しくは申請を受理した指定市町村長又は当該届出若しくは申請によつて戸籍の記載をした指定市町村長に対し、当該届出又は申請に係る届書等情報の内容を法務省令で定める方法により表示したものの閲覧を請求し、又は届書等情報の内容について証明書を請求することができる。
② 第十条第三項及び第十条の三の規定は、前項の場合に準用する。

　第 1 項は、利害関係人は、特別の事由がある場合に限り、戸籍事務を第 118 条第 1 項の電子情報処理組織を利用して取り扱っている届出地又は本籍地の指定市区町村長に対し、届書等情報の内容を表示したものの閲覧やその内容を記載した証明書の請求をすることができることを定めるものである。

　第 2 項は、第 1 項の請求において、郵送請求が可能であることのほか、請求に際し、本人確認等を行うことを定めるものである。

　紙の届書等については、第 48 条第 2 項の規定により、その現物を保管している市区町村長又は管轄法務局長等に対して、その閲覧やその記載事項についての証明書を請求することができるところ、電磁的記録化された届書等情報については、ネットワークを利用して法務大臣が管理する戸籍情報連携システムにアクセスすることで、紙の届書等を保管していない指定市区町村長において、当該請求に応じることも可能となる。

　本条は、戸籍の届出又は申請を受理した指定市区町村長及び戸籍に記載した指定市区町村長の双方が、届書等情報の閲覧又はその内容についての証明書の請求に応ずることができるようにすることで、国民の利便性の向上を図ることを目的としている。

第120条の7関係（分籍届の特例）

> 第120条の7　第百条第二項の規定は、第百十九条の規定により届出事件の本人の戸籍が磁気ディスクをもつて調製されている場合において、届出地及び分籍地の市町村長がいずれも指定市町村長であるときは、適用しない。

　本条は、分籍届について、届出地及び分籍地の市区町村長が戸籍事務を第118条第1項の電子情報処理組織によって取り扱う指定市区町村長である場合には、第100条第2項の特例として、戸籍証明書の提出を求めないことを定めるものである。

　これは、令和元年改正後は、法務大臣が管理する戸籍情報連携システムと指定市区町村長が管理する戸籍情報システムとをネットワークでつなぎ、指定市区町村長が戸籍情報連携システムを利用することによって本籍地の戸籍又は除かれた戸籍の副本の情報を参照できるようになることから、届出人に戸籍証明書を提出させる必要がなくなるため、特例を設けたものである。

第 120 条の 8 関係（転籍届の特例）

> 第 120 条の 8　第百八条第二項の規定は、第百十九条の規定により届出事件の
> 本人の戸籍が磁気ディスクをもつて調製されている場合において、届出地及
> び転籍地の市町村長がいずれも指定市町村長であるときは、適用しない。

　本条は、転籍届について、届出地及び転籍地の市区町村長が戸籍事務を第
118 条第 1 項の電子情報処理組織によって取り扱う指定市区町村長である場
合には、第 108 条第 2 項の特例として、戸籍証明書の提出を求めないことを
定めるものである。

　これは、令和元年改正後は、法務大臣が管理する戸籍情報連携システムと
指定市区町村長が管理する戸籍情報システムとをネットワークでつなぎ、指
定市区町村長が戸籍情報連携システムを利用することによって本籍地の戸籍
又は除かれた戸籍の副本の情報を参照できるようになることから、届出人に
戸籍証明書を提出させる必要がなくなるため、特例を設けたものである。

第121条関係（電子情報処理組織の構築に係る事務等に関する秘密漏えいの防止措置等）

> 第121条　法務大臣及び指定市町村長は、電子情報処理組織の構築及び維持管理並びに運用に係る事務に関する秘密について、その漏えいの防止その他の適切な管理のために、電子情報処理組織の安全性及び信頼性を確保することその他の必要な措置を講じなければならない。

　本条は、法務大臣及び法務大臣から指定を受けて第118条第1項の電子情報処理組織を利用して戸籍事務を取り扱う指定市区町村長は、電子情報処理組織の構築、維持管理、運用に係る事務に関する秘密について、漏えいの防止等、適切な管理のために、電子情報処理組織の安全性、信頼性を確保する等の必要な措置を講じなければならないことを定めるものである。

　ここでいう「秘密」とは、新たに構築されるシステムの機器構成・設定等、暗号アルゴリズム、暗号・復号に必要な情報等である。

　令和元年改正後は、法務大臣及び市区町村長の使用に係る電子計算機をネットワーク化して利用することが想定されており、第118条第1項の電子情報処理組織を利用して戸籍事務を取り扱う指定市区町村長は、戸籍情報連携システムにおいて法務大臣が保存する戸籍又は除かれた戸籍の副本に記録されている情報を参照して事務処理を行うこととなる。

　しかし、戸籍や除かれた戸籍には、本籍などの機微な情報やプライバシー性の高い親族的身分関係に関する情報などが記録されているところ、第118条第1項の電子情報処理組織の構築、維持管理、運用に係る事務に関する秘密が漏えいした場合には、個人の権利利益に重大な侵害を及ぼすおそれがある。

　このため、法務大臣及び各指定市区町村長に対し、第118条第1項の電子情報処理組織の構築に係る事務等に関する秘密について、その漏えいの防止等の必要な措置を講ずることが義務付けられたものである。

第121条の2関係（電子情報処理組織の構築に係る事務の従事者 等の秘密保持義務）

> 第121条の2　電子情報処理組織の構築及び維持管理並びに運用に係る事務に 従事する者又は従事していた者は、その業務に関して知り得た当該事務に関 する秘密を漏らし、又は盗用してはならない。

　本条は、第118条第1項の電子情報処理組織の構築、維持管理、運用に係 る事務に現に従事する者やかつて従事していた者は、その業務に関して知り 得た当該事務に関する秘密を漏らし、又は盗用してはならないことを定める ものである。

　これは、第121条と同様に、第118条第1項の電子情報処理組織の構築、 維持管理、運用に係る事務に関する秘密が漏えいした場合には、個人の権利 利益に重大な侵害を及ぼすおそれがあることから、こうした事務の従事者ら に特別の秘密保持義務を課すこととしたものである。

第121条の3関係（法務大臣による戸籍又は除かれた戸籍の副本の情報の利用）

> 第121条の3　法務大臣は、行政手続における特定の個人を識別するための番号の利用等に関する法律（平成二十五年法律第二十七号）第十九条第七号又は第八号の規定による提供の用に供する戸籍関係情報（同法第九条第三項に規定する戸籍関係情報をいう。）を作成するため、第百十九条の規定により磁気ディスクをもつて調製された戸籍又は除かれた戸籍の副本に記録されている情報を利用することができる。

※条文は、令和元年改正当時のもの（令和3年に一部改正あり）

　本条は、法務大臣が、マイナンバー法第19条第8号又は第9号^(注)の規定に基づき提供する戸籍関係情報を作成するため、戸籍又は除かれた戸籍の副本に記録されている情報を利用することができることを定めるものである。

　法務大臣は、磁気ディスクをもって調製された戸籍又は除かれた戸籍の副本を保存しているところ（第119条の2）、本条において、①戸籍関係情報の作成の主体が法務大臣であること、②戸籍関係情報は戸籍又は除かれた戸籍の副本に記録されている情報を利用して作成すること、③法務大臣による戸籍関係情報の作成に係る事務を戸籍法上の戸籍に関する事務として取り扱うこと（第1条第1項参照）を明らかにするものである。

　（注）マイナンバー法第19条中の号ずれについては次章第1節2のデジタル社会形成整備法の改正内容を参照されたい。

第 124 条関係（戸籍謄本等の交付請求等についての市町村長の処分等に対する不服申立て）

> 第 124 条　第十条第一項又は第十条の二第一項から第五項まで（これらの規定を第十二条の二において準用する場合を含む。）、第四十八条第二項、第百二十条第一項、第百二十条の二第一項、第百二十条の三第一項及び第百二十条の六第一項の規定によりする請求について市町村長が行う処分又はその不作為に不服がある者は、管轄法務局長等に審査請求をすることができる。

　本条は、戸籍謄本等の交付請求等について市区町村長が行う処分又は不作為に不服がある者は、管轄法務局長等に対し、審査請求をすることができることを定めるものである。

　従来、戸籍謄抄本若しくは除籍謄抄本又は戸籍証明書等の交付請求や、市区町村長が受理した届書等の書類についての閲覧請求又はその記載事項についての証明書の交付請求については、管轄法務局長等に対する審査請求の対象とされていた。

　令和元年改正により、新たに広域交付の制度（第 120 条の 2）、戸籍電子証明書等の提供に係る制度（第 120 条の 3）及び届書等情報の内容を表示したものの閲覧やその内容についての証明書の請求に係る制度（第 120 条の 6）が設けられたことから、同様に、これらに係る市区町村長の処分又は不作為について不服がある者が審査請求をすることができるようにする必要があるとして改正されたものである。

第128条関係（行政機関の保有する情報の公開に関する法律の適用除外）

> 第128条　戸籍及び除かれた戸籍の副本、第四十八条第二項に規定する書類並びに届書等情報については、行政機関の保有する情報の公開に関する法律（平成十一年法律第四十二号）の規定は、適用しない。

　本条は、戸籍及び除かれた戸籍の副本、市区町村長が受理した届書等の書類や届書等情報については、行政機関の保有する情報の公開に関する法律（平成11年法律第42号）の規定は、適用しないことを定めるものである。

　従来、戸籍及び除かれた戸籍の副本、市区町村長が受理した届書等の書類については、戸籍法において公開の手続が整備されていることを踏まえ、行政機関の保有する情報の公開に関する法律の適用が除外されていた。

　令和元年改正により、新たに届書等情報の内容を表示したものの閲覧やその内容についての証明書の請求に係る制度（第120条の6）が設けられたことから、届書等情報についても同様に、行政機関の保有する情報の公開に関する法律の適用を除外する必要があるとして改正されたものである。

第 129 条関係 （行政機関の保有する個人情報の保護に関する法律の適用除外）

> 第 129 条　戸籍及び除かれた戸籍の副本、第四十八条第二項に規定する書類並びに届書等情報に記録されている保有個人情報（行政機関の保有する個人情報の保護に関する法律（平成十五年法律第五十八号）第二条第五項に規定する保有個人情報をいう。）については、同法第四章の規定は、適用しない。

※条文は、令和元年改正当時のもの（令和 3 年に一部改正あり）

　本条は、戸籍及び除かれた戸籍の副本、市区町村長が受理した届書等の書類、届書等情報に記録されている保有個人情報（行政機関の保有する個人情報の保護に関する法律（平成 15 年法律第 58 号）第 2 条第 5 項に規定する保有個人情報をいう。以下同じ。）については、行政機関の保有する個人情報の保護に関する法律第 4 章（開示、訂正及び利用停止）の規定は、適用しないことを定めるものである(注)。

　従来、戸籍及び除かれた戸籍の副本、市区町村長が受理した届書等の書類に記録されている保有個人情報については、戸籍法において公開、訂正等の手続が整備されていることを踏まえ、行政機関の保有する個人情報の保護に関する法律第 4 章の適用が除外されていた。

　令和元年改正により、新たに届書等情報の内容を表示したものの閲覧やその内容についての証明書の請求に係る制度（第 120 条の 6）が設けられたことから、届書等情報に記録されている保有個人情報についても同様に、行政機関の保有する個人情報の保護に関する法律第 4 章の適用を除外する必要があるとして改正されたものである。

　（注）令和 3 年改正法により、除かれた戸籍の正本についても開示、訂正及び利用停止の規定が適用されないこととなった（次章第 1 節 2 参照。）。なお、行政機関の保有する法律は同改正法により個人情報の保護に関する法律として再編され、開示、訂正及び利用停止について定める規定は同法第 5 章第 4 節となった。

第132条関係（秘密の漏えい・盗用についての罰則）

> 第132条　第百二十一条の二の規定に違反して秘密を漏らし、又は盗用した者
> は、二年以下の懲役又は百万円以下の罰金に処する。

　本条は、第121条の2の規定に違反して、第118条第1項の電子情報処理組織の構築に係る事務等に現に従事する者やかつて従事していた者が、その業務に関して知り得た当該事務に関する秘密を漏らし、又は盗用したときは、2年以下の懲役又は100万円以下の罰金に処することを定めるものであり、第121条の2において、特別の秘密保持義務を設けたことに伴い、その実効性を担保するために罰則が設けられたものである。

　なお、本条の法定刑については、国家公務員法（昭和22年法律第120号。国家公務員法第109条第12号により、同法第100条第1項の規定に違反して職務上知ることのできた秘密を漏らした場合は1年以下の懲役又は50万円以下の罰金）又は地方公務員法（昭和25年法律第261号。地方公務員法第60条第2号により、同法第34条第1項の規定に違反して職務上知り得た秘密を漏らした場合は同じく1年以下の懲役又は50万円以下の罰金）の規定よりも加重されているところ、第121条の2及び本条による秘密の漏えい等の防止は、究極的には、電子情報処理組織により取り扱っている戸籍又は除かれた戸籍の副本に関するファイルの漏えいを防止することを目的とするものであることを踏まえ、個人情報の保護に関する法律第176条に規定する第三者に対する個人情報ファイルの提供に係る罪の法定刑（2年以下の懲役又は100万円以下の罰金）が参考にされたものである。

第133条関係（戸籍事務に関して知り得た事項の不正利用についての罰則）

> 第133条　戸籍に関する事務に従事する市町村の職員若しくは職員であつた者又は市町村長の委託（二以上の段階にわたる委託を含む。）を受けて行う戸籍に関する事務の処理に従事している者若しくは従事していた者が、その事務に関して知り得た事項を自己若しくは第三者の不正な利益を図る目的で提供し、又は盗用したときは、一年以下の懲役又は五十万円以下の罰金に処する。

　本条は、戸籍に関する事務に現に従事する市区町村の職員やかつて従事していた職員又は市区町村長の委託を受けて現に従事している者やかつて従事していた者が、その事務に関して知り得た事項を自己若しくは第三者の不正な利益を図る目的で提供し、又は盗用したときは、1年以下の懲役又は50万円以下の罰金に処することを定めるものである。

　令和元年改正により、市区町村長が第118条第1項の電子情報処理組織を利用して他の市区町村の戸籍又は除かれた戸籍の副本に記録された情報を取り扱うこととなるところ、これまでよりも広い範囲の個人情報を取り扱う上で、市区町村の職員等が戸籍事務に関して知り得た事項を自己又は第三者の不正な利益を図る目的で提供し、あるいは盗用する事態が生じると、個人情報が転々流通し、場合によっては悪用され、個人の権利利益を侵害するおそれや国民の不安感を増大させ、ひいては戸籍事務における個人情報の取扱いに対する国民の信頼を著しく損なうことになる。

　このため、戸籍又は除かれた戸籍に記録された情報について不正利用のリスクに対する抑止力を高める必要があること、戸籍事務は、第1号法定受託事務である一方で、各指定市区町村長が電子情報処理組織を利用することとなることから、その取扱いについても全国的に統一する必要があることを踏まえ、市区町村の条例の規定の有無にかかわらず、法律に罰則を設けることが相当であると考えられたものである。

第135条関係（不正の手段により戸籍証明書等の交付等を受けた者に対する罰則）

> 第135条　偽りその他不正の手段により、第十条第一項若しくは第十条の二第
> 一項から第五項までの規定による戸籍謄本等の交付、第十二条の二の規定に
> よる除籍謄本等の交付若しくは第百二十条第一項の規定による戸籍証明書若
> しくは除籍証明書の交付を受けた者、第百二十条の三第二項の規定による戸
> 籍電子証明書提供用識別符号若しくは除籍電子証明書提供用識別符号の発行
> を受けた者又は同条第三項の規定による戸籍電子証明書若しくは除籍電子証
> 明書の提供を受けた者は、三十万円以下の罰金に処する。

　本条は、戸籍法の規律に従い、交付、発行又は提供を受けるべき戸籍証明
書等、戸籍電子証明書提供用識別符号等又は戸籍電子証明書等について、偽
りその他の不正の手段により交付、発行又は提供を受けた者は、30万円以
下の罰金に処することを定めるものである。

　従来、戸籍に記載されている個人のプライバシー保護の観点から、戸籍謄
抄本や除籍謄抄本を不正取得した場合が罰則の対象とされていた。

　令和元年改正により、戸籍に記載されている内容を証明するものとして、
新たに戸籍電子証明書等の提供に係る制度（第120条の3）が設けられたこ
とから、戸籍電子証明書提供用識別符号等の発行や戸籍電子証明書等の提供
等についても同様に、不正取得を防止する必要があるとして改正されたもの
である。

第136条関係（不正の手段により届書を閲覧した者等に対する過料）

> 第136条 偽りその他不正の手段により、第四十八条第二項（第百十七条において準用する場合を含む。以下この条において同じ。）の規定による閲覧をし、若しくは同項の規定による証明書の交付を受けた者又は第百二十条の六第一項の規定による閲覧をし、若しくは同条の規定による証明書の交付を受けた者は、十万円以下の過料に処する。

　本条は、戸籍法の規律に従い、閲覧をし又はその内容についての証明書の交付を受けるべき届書等及び届書等情報について、偽りその他の不正の手段により閲覧をし、又は証明書の交付を受けた者は、10万円以下の過料に処することを定めるものである。

　従来、届書等に記載されている個人のプライバシー保護の観点から、不正な手段による届書等の閲覧やその記載事項についての証明書の不正取得が罰則の対象とされていた。

　令和元年改正により、届書等の情報を電磁的に記録し、その内容を証明するものとして、新たに届書等情報の内容を表示したものの閲覧やその内容についての証明書の請求に係る制度（第120条の6）が設けられたことから、届書等情報についても同様にその不正取得等を防止する必要があるとして改正されたものである。

第139条関係（市町村長に対する過料）

第139条　次の場合には、市町村長を十万円以下の過料に処する。

　一・二　（略）

　三　正当な理由がなくて、届書その他受理した書類の閲覧を拒んだとき、又は第百二十条の六第一項の規定による請求を拒んだとき。

　四　正当な理由がなくて、戸籍謄本等、除籍謄本等、第四十八条第一項若しくは第二項（これらの規定を第百十七条において準用する場合を含む。）の証明書、戸籍証明書若しくは除籍証明書を交付しないとき、戸籍電子証明書提供用識別符号若しくは除籍電子証明書提供用識別符号の発行をしないとき、又は戸籍電子証明書若しくは除籍電子証明書を提供しないとき。

　五　その他戸籍事件について職務を怠つたとき。

　本条は、市区町村長が戸籍法の規律に反して戸籍に関する事務を行う場合に、10万円以下の過料に処することを定めるものである。

　具体的には、第3号において、正当な理由がないのに、届書その他の受理した書類の閲覧を拒んだときや、届書等情報の内容を示したものの閲覧請求、その内容についての証明書の請求を拒んだときに過料に処すること、第4号において、正当な理由がないのに、戸籍証明書等、戸籍電子証明書提供用識別符号等又は戸籍電子証明書等の交付、発行又は提供をしないときに過料に処すことを定めている。

　従来、正当な理由がないのに、届書その他の受理した書類の閲覧を拒んだときや戸籍謄本等を交付しないときが過料の対象とされていた。

　令和元年改正により、届書等の情報を電磁的に記録し、その内容を証明するものとして、新たに届書等情報の内容を表示したものの閲覧やその内容についての証明書の請求に係る制度（第120条の6）及び戸籍に記載されている内容を証明するものとして、新たに戸籍電子証明書等の提供に係る制度（第120条の3）が設けられたことから、正当な理由がないのに、戸籍電子証明書提供用識別符号等の発行や戸籍電子証明書等の提供をしない行為についても防止する必要があるとして改正されたものである。

第2章 | 令和3年改正（押印義務の見直し等）

第1節　総論

1　改正の経緯

　令和3年における戸籍法改正の主なものは、デジタル社会の形成を図るための関係法律の整備に関する法律（令和3年法律第37号。以下において「デジタル社会形成整備法」という。）によって行われた押印義務の見直しに係るものである[注]（以下この章においてデジタル社会形成整備法による戸籍法改正を「令和3年改正」という。）。戸籍法の一部改正を含むデジタル社会形成整備法案は、デジタル社会形成基本法案（デジタル社会形成基本法（令和3年法律第35号）として成立）、デジタル庁設置法案（デジタル庁設置法（令和3年法律第36号）として成立）等とともに、第204回国会（令和3年通常国会）に提出され、令和3年5月12日に可決、成立し、同月19日に公布された。

　このデジタル社会形成整備法は、デジタル社会形成基本法に基づきデジタル社会の形成に関する施策を実施するため、①個人情報保護制度の見直し、②マイナンバーを活用した情報連携の拡大等による行政手続の効率化、③マイナンバーカードの利便性の抜本的向上、発行・運営体制の抜本的強化、④押印・書面の交付等を求める手続の見直しを行うものである。

　押印・書面の交付等を求める手続の見直しが求められることとなった背景には、新型コロナウイルス感染症の拡大の中で、給付金の支給に遅れが生じる等、行政手続のデジタル化の遅れが指摘されるとともに、「押印のための出社」や「領収書保存のための出社」の是非が問われるなど、押印・書面の交付等を求める手続について消極的な風潮もあったこと等が挙げられる。

　このため、デジタル社会形成整備法において、押印・書面の交付等を求める制度の見直しが行われ、戸籍法を含む48法律が一括改正された。具体的には、実印（印鑑の証明がある印）又は登録印（印影が事前に登録されている印）を求めている申請手続等、申請書に押印されている印影と照合すること

等によって厳格な本人確認を要する手続又は印影に証拠としての意義が認められる手続を除き、原則として押印を不要とする改正が行われた。

　（注）このほか、令和3年には、特許法等の一部を改正する法律（令和3年法律第42号）により戸籍法の一部が改正されているが、これについては後記第4章参照。

2　改正の概要

　戸籍法については、届出意思を確認するために署名義務を維持した上で、届出人や証人等の届書への押印義務について、実印や登録印による押印を求めていないことを踏まえ、届出人等の利便性を考慮して押印義務を廃止する改正が行われ（デジタル社会形成整備法第7条）、令和3年9月1日から施行されている。

　もっとも、我が国には重要な文書に押印してきた慣習があり、明治以来、戸籍の届書には押印するものとされ、人生の節目となる婚姻届については、押印の存続を求める国民の声もあったことから、届出人の意向により、届書に任意に押印することは可能とされ、戸籍法施行規則の一部を改正する省令（令和3年法務省令第40号）により改められた出生届、婚姻届、離婚届及び死亡届の各様式において、押印は任意である旨を明記するとともに、民事局長通達により定める標準様式にも押印は任意である旨を明記しつつ、署名欄に押印可能な運用がされることとなった（令和3年8月27日民一第1622号民事局長通達）。

　また、デジタル社会形成整備法附則第18条において、①法務大臣がマイナンバー法に基づき提供する戸籍関係情報の作成等について規定した戸籍法第121条の3及び②戸籍の副本等について個人情報の保護に関する法律の適用除外を規定した第129条の規定の改正が行われた（施行日は、①第121条の3の改正規定が令和3年9月13日、②第129条の改正中「正本及び」を加える改正規定が令和5年4月1日でそれ以外の改正規定は令和4年4月1日）。

　これは、デジタル社会形成整備法において、①マイナンバー法について、特定個人情報を提供できる場合としてマイナンバー法第19条第4号を追加する改正がされたこと並びに②行政機関の保有する個人情報の保護に関する法律（平成15年法律第58号）及び独立行政法人等の保有する個人情報の保

護に関する法律（平成 15 年法律第 59 号）を廃止し、個人情報の保護に関する法律に統合する改正がされたことに伴い、改正されたものである。

　具体的には、戸籍法第 121 条の 3 の規定において、引用するマイナンバー法「第 19 条第 7 号又は第 8 号」を「第 19 条第 8 号又は第 9 号」に改める改正及び第 129 条において適用除外する法律の題名について「行政機関の保有する個人情報の保護に関する法律」を「個人情報の保護に関する法律」に改め、引用する条項等を改めるほか、従来の戸籍及び除かれた戸籍の副本に加え、戸籍及び除かれた戸籍の正本も適用除外の対象とする改正が行われたが、規律の実質に変更はない。

第2節　各論（逐条解説）

第29条関係（届書の記載事項）

> 第29条　届書には、次の事項を記載し、届出人が、これに署名しなければならない。
> 一〜四　（略）

　本条は、届書の記載事項について定めるとともに、届出人の届出意思を確認するため、届出人が届書に署名しなければならないことを定めるものである。

　従来、届出人には、届書に署名した上で押印する義務が課されていたが、令和3年改正により見直しが行われ、押印義務が廃止されることとなった。

第33条関係（証人を必要とする事件の届出）

> 第33条　証人を必要とする事件の届出については、証人は、届書に出生の年
> 　月日、住所及び本籍を記載して署名しなければならない。

　本条は、証人を必要とする事件の届出について、証人が届書に証人の出生
の年月日等を記載するとともに、証人による当事者の意思確認を担保するた
め、証人が届書に署名しなければならないことを定めるものである。

　従来、証人についても、届書に署名した上で押印する義務が課されていた
が、令和3年改正により見直しが行われ、押印義務が廃止されることとなっ
た。

第37条第2項及び第3項関係（口頭による届出）

第37条　（略）

② 　市町村長は、届出人の陳述を筆記し、届出の年月日を記載して、これを届
出人に読み聞かせ、かつ、届出人に、その書面に署名させなければならない。

③ 　届出人が疾病その他の事故によつて出頭することができないときは、代理
人によつて届出をすることができる。ただし、第六十条、第六十一条、第六
十六条、第六十八条、第七十条から第七十二条まで、第七十四条及び第七十
六条の届出については、この限りでない。

1　第37条第2項関係

　本項は、口頭による届出について、市区町村長が書面に届出人の陳述を筆
記し、届出の年月日を記載した後、これを届出人に読み聞かせた上で、その
書面に署名させなければならないことを定めるものである。

　従来、市区町村長が筆記する書面について、届出人に署名させた上で押印
させる義務が課されていたが、令和3年改正により見直しが行われ、押印義
務が廃止されることとなった。

2　第37条第3項関係

　本項は、届出人が疾病その他の事故によって出頭することができないとき
は、届出によって法的効果が生じる創設的届出を除き、代理人によって届出
をすることができることを定めるものである。条文の規定上、第1項の規定
とは独立している考えられることから、代理できるのは口頭による届出に限
定されない。

　令和3年改正では、現代語化するため、「但し」を「ただし」と、「乃至第
七十二条」を「から第七十二条まで」と改める字句の修辞的な改正が行われ
たもので、実質に変更はない。

第38条関係（同意・承諾・許可を必要とする事件の届出）

> 第38条　届出事件について父母その他の者の同意又は承諾を必要とするとき
> は、届書にその同意又は承諾を証する書面を添付しなければならない。ただ
> し、同意又は承諾をした者に、届書にその旨を付記させて、署名させるだけ
> で足りる。
> ②　届出事件について裁判又は官庁の許可を必要とするときは、届書に裁判又
> は許可書の謄本を添付しなければならない。

1　第38条第1項関係

　本項は、届出事件について父母その他の者（以下「父母等」という。）の同
意又は承諾を必要とするときは、届出人が届書にその同意又は承諾を証する
書面を添付するか、父母等をして届書に同意又は承諾する旨を付記させ、署
名させるか、いずれかの措置を講じなければならないことを定めるものであ
る。

　従来、父母等をして届書に同意又は承諾する旨を付記させる場合には、署
名させた上で押印させる義務が課されていたが、令和3年改正により見直し
が行われ、押印義務が廃止されることとなった。

　そのほか、令和3年改正では、現代語化するため、「添附」を「添付」
と、「但し」を「ただし」と、「附記」を「付記」と改める字句の修辞的な改
正が行われたもので、実質に変更はない。

2　第38条第2項関係

　本項は、届出事件について裁判又は官庁の許可を必要とするときは、届出
人が届書に裁判書又は官庁による許可書の謄本を添付しなければならないこ
とを定めるものである。

　令和3年改正では、現代語化するため、「添附」を「添付」と改める字句
の修辞的な改正が行われたもので、実質に変更はない。

第55条関係（航海中の出生）

> 第55条　航海中に出生があつたときは、船長は、二十四時間以内に、第四十
> 九条第二項に掲げる事項を航海日誌に記載して、署名しなければならない。
> ②　前項の手続をした後に、船舶が日本の港に到着したときは、船長は、遅滞
> なく出生に関する航海日誌の謄本をその地の市町村長に送付しなければなら
> ない。
> ③　船舶が外国の港に到着したときは、船長は、遅滞なく出生に関する航海日
> 誌の謄本をその国に駐在する日本の大使、公使又は領事に送付し、大使、公
> 使又は領事は、遅滞なく外務大臣を経由してこれを本籍地の市町村長に送付
> しなければならない。

1　第55条第1項関係

　本項は、航海中に出生があったときに、船長が24時間以内に、出生届に
記載すべき事項を航海日誌に記載して署名しなければならないことを定める
ものである。

　従来、船長には、航海日誌に署名した上で押印する義務が課されていた
が、令和3年改正により見直しが行われ、押印義務が廃止されることとなっ
た。

2　第55条第2項関係

　本項は、航海中に出生があった場合において、船長が航海日誌に出生届に
記載すべき事項を記載した後、船舶が日本の港に到着したときは、当該船長
が遅滞なく出生に関する航海日誌の謄本を、到着した地の市区町村長宛てに
送付しなければならないことを定めるものである。

　令和3年改正では、現代語化するため、「著いた」を「到着した」と改め
る字句の修辞的な改正が行われたもので、実質に変更はない。

3　第55条第3項関係

　本項は、航海中に出生があった場合において、船長が航海日誌に出生届に
記載すべき事項を記載した後、船舶が外国の港に到着したときは、当該船長
が遅滞なく出生に関する航海日誌の謄本を、到着した国に駐在する日本の大

使、公使又は領事に送付しなければならないことを定めるとともに、その航海日誌の謄本を受け取った大使、公使又は領事は、遅滞なく外務大臣を経由してこれを出生した子の本籍地の市区町村長宛てに送付しなければならないことを定めるものである。

　令和3年改正では、現代語化するため、「著いた」を「到着した」と改める字句の修辞的な改正が行われたもので、実質に変更はない。

第3節　その他

　デジタル社会形成整備法附則第73条に、政府として、「行政機関等に係る申請、届出、処分の通知その他の手続において、個人の氏名を平仮名又は片仮名で表記したものを利用して当該個人を識別できるようにするため、個人の氏名を平仮名又は片仮名で表記したものを戸籍の記載事項とすることを含め、この法律の公布後1年以内を目途としてその具体的な方策について検討を加え、その結果に基づいて必要な措置を講ずるものとする。」という検討事項が規定された。

　これにより、戸籍法について、氏名に振り仮名を付すこと等を内容とする新たな改正の検討をすることが求められることとなった（改正内容については、後記次章参照）。

第3章 令和5年改正（氏名の振り仮名の法制化等）

第1節 総論

1 改正の経緯

　令和5年における戸籍法改正の主なものは、行政手続における特定の個人を識別するための番号の利用等に関する法律等の一部を改正する法律（令和5年法律第48号）によって行われた氏名の振り仮名の法制化に係るものである[注]（以下この章において、この法律を「改正法」といい、改正法による戸籍法改正を「令和5年改正」という。）。

　戸籍の氏名に振り仮名を付すことについては、従前から議論されていたが、その中では、各人の氏名の読み方が客観的に明白となり社会生活上便利である一方、無原則に戸籍に記載されるとかえって社会に混乱を生じさせるおそれがあるほか、氏名の読み方の範囲に係る基準を設けることは必ずしも容易ではなく、振り仮名を変更する場合の手続など、検討すべき点が多いことが指摘されていた。

　実際、昭和50年及び昭和56年の民事行政審議会のほか、平成29年に法務省内に設置された「戸籍制度に関する研究会」でも議論されたものの、氏名の漢字の音訓や字義に全く関係のない振り仮名が届け出られた場合の取扱いや振り仮名の収集方法などが問題点として挙げられ、その解決が困難であることから、戸籍に氏名の振り仮名を記載する取扱いについては、その必要性や国民の意識も踏まえ、慎重に検討すべきであるとして、法制化が見送られてきた。

　しかしながら、その後、氏名の振り仮名を特定の時点で一つに特定し、デジタル社会のインフラとして活用することへの期待が高まり、「デジタル・ガバメント実行計画」（令和2年12月25日閣議決定）やデジタル社会形成整備法附則第73条などにおいて、氏名の振り仮名の法制化を図ることとされたことから、加速的な検討が必要となった。

　こうした状況を踏まえ、法務大臣は、令和3年9月16日、法制審議会に諮問をした（諮問第116号）。この諮問を受けて、法制審議会に戸籍法部会（部会長・窪田充見神戸大学大学院法学研究科教授）が設置され、戸籍法部会では、令和3年11月以降、14回にわたって調査審議が行われ、令和5年2月2日、その成果として「戸籍法等の改正に関する要綱案」が取りまとめられた。同月17日開催の法制審議会第197回会議において、この要綱案どおりの内容で「戸籍法等の改正に関する要綱」（以下この章において「令和5年改正要綱」という。）が採択され、同日、法務大臣に答申された。

　令和5年改正要綱の内容を踏まえた戸籍法の一部改正法案は、「行政手続における特定の個人を識別するための番号の利用等に関する法律等の一部を改正する法律案」（以下この章において「本法律案」という。）の一部として、令和5年3月7日、第211回国会（令和5年通常国会）に提出された。

　本法律案については、国会で審議された後令和5年6月2日に改正法が成立し、同月9日に公布された。なお、衆参両院において、氏名の振り仮名の届出等に係る国民や地方公共団体の負担の軽減を図ることのほか、現に使用している振り仮名とは異なる振り仮名が戸籍に記載されることのないよう配慮するとともに、今後新しく生まれる名乗り訓の許容範囲を幅広く担保することを求める旨の附帯決議が付されている。

　（注）このほか、令和5年には、①民事関係手続等における情報通信技術の活用等の推進を図るための関係法律の整備に関する法律（令和5年法律第53号）及び②地域の自主性及び自立性を高めるための改革の推進を図るための関係法律の整備に関する法律（令和5年法律第58号）により戸籍法の一部が改正されているが、これについては後記第4章5参照。

2　改正の概要

　令和5年改正とその経過措置の概要を具体的に示せば、次のとおりである。

(1)　戸籍の記載事項等

　戸籍、戸籍の届書及び棄児発見調書の記載事項として氏名の振り仮名を追加し、氏名の振り仮名の読み方は、氏名として用いられる文字の読み方として一般に認められているものでなければならないものとする。

(2)　氏名の変更に関する事項

氏又は名を変更しようとするときは、氏又は名及びそれらの振り仮名を変更することについて家庭裁判所の許可を得て、その許可を得た氏又は名及びそれらの振り仮名を届け出なければならないものとする。

(3)　氏名の振り仮名の変更

やむを得ない事由によって氏の振り仮名を変更しようとするときは、戸籍の筆頭に記載した者及びその配偶者は、家庭裁判所の許可を得て、その旨を届け出なければならないものとし、正当な事由によって名の振り仮名を変更しようとする者は、家庭裁判所の許可を得て、その旨を届け出なければならないものとする。

(4)　令和5年改正に係る経過措置（現に戸籍に記載されている者についての措置）

ア(ア)　改正法の施行（改正法附則第1条第3号の規定による施行をいう。以下同じ。）の際現に戸籍の筆頭に記載されている者（以下「戸籍の筆頭者」という。）は氏の振り仮名の届出を、現に戸籍に記載されている者は名の振り仮名の届出を、それぞれ施行日（同号の施行日をいう。以下同じ。）から1年以内にすることができる。

(イ)　戸籍の筆頭者又は戸籍に記載されている者が氏名として用いられる文字の読み方として一般に認められている読み方（以下「一般の読み方」という。）以外の読み方を使用しているときは、(ア)の届出に代えて現に使用している氏の読み方又は名の読み方を示す文字を届け出ることができる。

(ウ)　施行日以後に新たに編製される戸籍（以下「新戸籍」という。）に係る戸籍の筆頭者は、(ア)又は(イ)の届出がされていない場合には、施行日から1年以内に、新戸籍に記載される氏の振り仮名又は一般の読み方以外の氏の読み方を示す文字（以下「氏の振り仮名等」という。）を届け出ることができる。

イ(ア)　施行日から1年以内にア(ア)から(ウ)までのいずれかの届出がされない場合には、本籍地の市区町村長は、施行日から1年を経過した日に、氏名の振り仮名を戸籍に記載する。

(イ)　(ア)に際し、本籍地の市区町村長は、一般の読み方以外の氏の読み方

又は名の読み方が使用されていると認めるときは、現に使用されている氏の読み方又は名の読み方を示す文字を戸籍に記載することができる。

　(ウ)　本籍地の市区町村長は、施行日後遅滞なく、改正法の施行の際現に戸籍に記載されている者に対し、(ア)又は(イ)により記載しようとする氏の振り仮名等及び名の振り仮名又は一般の読み方以外の名の読み方を示す文字（以下「名の振り仮名等」という。）を通知する（氏の振り仮名等と名の振り仮名等を以下合わせて「氏名の振り仮名等」という。）。

　ウ　本籍地の市区町村長により記載された氏名の振り仮名又は一般の読み方以外の氏の読み方若しくは名の読み方を示す文字は、一度に限り、家庭裁判所の許可を得ずに、届出のみで変更することができる。

　エ　ア(イ)若しくはア(ウ)又はウにより現に使用している一般の読み方以外の氏の読み方又は名の読み方を示す文字を届け出る場合には、その読み方が通用していることを証する書面を提出しなければならない。

第 2 節　各論（逐条解説）

第 13 条関係（戸籍の記載事項）

> 第 13 条　戸籍には、本籍のほか、戸籍内の各人について、次に掲げる事項を記載しなければならない。
> 一　（略）
> 二　氏名の振り仮名（氏に用いられる文字の読み方を示す文字（以下「氏の振り仮名」という。）及び名に用いられる文字の読み方を示す文字（以下「名の振り仮名」という。）をいう。以下同じ。）
> 三〜九　（略）
> ②　前項第二号の読み方は、氏名として用いられる文字の読み方として一般に認められているものでなければならない。
> ③　氏名の振り仮名に用いることができる仮名及び記号の範囲は、法務省令で定める。

1　第 13 条第 1 項関係

本項は、戸籍の記載事項を定めるものである。

令和 5 年改正により、氏名に加え、氏名の振り仮名も戸籍の記載事項とされた。

これは、行政のデジタル化が進展する中で、氏名の振り仮名を特定の時点で一つに特定し、公証することが求められていたところ、戸籍に氏名の振り仮名が記載された場合には、現在戸籍に記載されている氏名と同様に、住民基本台帳にも記載されるなどして、これが行政手続を含めた様々な手続において本人確認事項の一つとして扱われ、行政のデジタル化の推進に資すると考えられたことによる。

氏の振り仮名について「氏に用いられる文字の読み方を示す文字」、名の振り仮名について「名に用いられる文字の読み方を示す文字」と定義されているのは、戸籍に記載される氏名は、必ずしも漢字で表記されるとは限らず、平仮名や片仮名で表記される場合もあるところ、その全部又は一部が平仮名や片仮名で表記される場合における当該平仮名や片仮名の読み方を示す文字を含むものであることを明らかにするためである（氏名の振り仮名は、

後述のとおり片仮名で記載することが想定されていることから、氏名について平仮名や片仮名が用いられている場合には、その読み方を片仮名で表記することが想定されている。）。

2　第13条第2項関係

　本項は、氏名の振り仮名の読み方について、氏名として用いられる文字の読み方として一般に認められているものでなければならないことを定めるものである。

　新たに氏名の振り仮名を戸籍に記載するに当たり、氏名として用いられる文字の読み方には、子どもの利益に反するものや一般的な漢字の読み方を離れて社会を混乱させるようなものもあり得るため、そのような読み方については、戸籍に記載することができないとする戸籍実務の対応を明らかにする規定を設けることとしたものである。

　もっとも、我が国には、源頼朝の「朝（トモ）」や池田勇人の「勇人（ハヤト）」などに見られるように、通常の音訓とは異なる人名特有の読み方である、いわゆる名乗り訓と呼ばれるものがあり、これを幅広く許容してきた命名文化があることから、これを守るべきとの意見も強く、令和5年改正要綱や衆議院及び参議院の附帯決議において、市区町村長の行う氏名の振り仮名の審査においては、幅広い名乗り訓等を許容してきた我が国の命名文化を踏まえた運用をすることが求められている。

　氏名として用いられる文字の読み方として一般に認められているものに該当するか否かは、我が国の命名文化や名乗り訓が創造される慣習、名に名乗り訓が多用されてきた歴史的経緯も念頭に入れ、社会において受容され又は慣用されているかという観点から判断することになると考えられる。

　具体的には、常用漢字表又はその付表に掲載されているものや、漢和辞典など一般の辞書に掲載されているものについては、幅広く認めることが考えられ、一般の辞書に掲載されていない読み方についても、届出人による説明を踏まえ、一般に認められているものといえるかどうかを判断することが想定される。

　この際、社会において受容され又は慣用されているかどうかが必ずしも明らかではないものであっても、幅広い名乗り訓を許容してきた我が国の命名

文化を尊重するという観点から、これを幅広く許容すべく、柔軟に運用することが適切である。

　このような観点から、例外的に、社会において受容され又は慣用されているとは認められないものとしては、例えば、①漢字の持つ意味とは反対の意味による読み方（例：高をヒクシ）、②読み違い、書き違いかどうか判然としない読み方（例：太郎をジロウ、サブロウ）、③漢字の意味や読み方との関連性をおよそ又は全く認めることができない読み方（例：太郎をジョージ、マイケル）など、社会を混乱させるものが考えられる。

　以上のような考え方については、戸籍窓口において統一的な取扱いが確保されるよう、今後、法務省民事局長通達等において明らかにされる予定である。

3　第13条第3項関係

　本項は、氏名の振り仮名に用いることができる仮名及び記号の範囲については法務省令で定めることを規定するものである。

　戸籍実務に係る技術的な内容であることから、法務省令に委任することとされたものである。

　類似の規定として、子の名に用いることができる常用平易な文字の範囲について法務省令で定めることを規定した第50条第2項の規定がある。

　なお、法制審議会で採択された「令和5年改正要綱」において、戸籍に記載する氏名の振り仮名の表記については片仮名とすることとされたことを踏まえ、法務省令においては、氏名の振り仮名に用いることができる文字及び記号として、現代仮名遣い（昭和61年内閣告示第1号）本文第1に定められた直音、拗音、撥音、促音を片仮名に変換したもののほか、片仮名表記の小書き及び長音記号「ー」等を規定することが想定されている。

第29条関係（届書の記載事項）

> 第29条　届書には、次に掲げる事項を記載し、届出人が、これに署名しなけ
> ればならない。
> 一～三　（略）
> 四　届出事件の本人の氏名及び氏名の振り仮名
> 五　届出人と届出事件の本人とが異なるときは、届出事件の本人の出生の年
> 　月日、住所及び戸籍の表示並びに届出人の資格

　本条は、届書の記載事項について定めるものである。

　令和5年改正において、届書の記載事項として、新たに届出事件の本人
（以下「事件本人」という。）の氏名の振り仮名を追加するとともに（第4
号）、届出人と事件本人とが異なるときにのみ記載することとされていた事
件本人の氏名についても、届出人との異同にかかわらず、氏名の振り仮名と
ともに届書の記載事項とする改正が行われた（第4号及び第5号）。

　事件本人の氏名の振り仮名が届書の記載事項とされたのは、それが戸籍の
記載事項とされたことによるものである（第13条第1項第2号）。

　また、従来、届出人と事件本人とが異なるときにのみ事件本人の氏名が届
書の記載事項とされていたのは、届出人と事件本人が同一である場合には、
事件本人が届出人として届書に署名することで足りると解されていたことが
理由であると考えられるが、一般的に署名の場合には字体を崩して記載され
る場合があることから、現行実務の取扱いとして、法務省民事局長通達に定
める戸籍の届書の様式においては、署名欄とは別に事件本人の氏名欄が設け
られており、令和5年改正の前後で取扱いの実質に変更はない。

第57条第2項関係（棄児の発見）

> 第57条　（略）
> ②　前項の申出があつたときは、市町村長は、氏名及び氏名の振り仮名を付け、本籍を定め、かつ、附属品、発見の場所、年月日時その他の状況並びに氏名、氏名の振り仮名、男女の別、出生の推定年月日及び本籍を調書に記載しなければならない。その調書は、これを届書とみなす。

　本項は、棄児が発見された旨の申出があった場合、市区町村長が氏名及び氏名の振り仮名を付け、本籍を定めるとともに、氏名、氏名の振り仮名等の出生届に記載されるべき事項を棄児発見調書に記載しなければならないこと、及びその調書は出生の届書とみなされることを定めるものである。

　棄児発見調書は、出生届に代わる届書とみなされ、これにより戸籍を編製することになることから、棄児に係る氏名の振り仮名についても棄児発見調書の記載事項とされたものである。

　なお、棄児発見調書の記載事項のうち、創設的なもの（氏名及び本籍）については、市区町村長がその氏名を付け、本籍を定めることとされているところ、氏名の振り仮名も創設的なものであることから、市区町村長が氏名の振り仮名を付けることとしている。

第107条関係（氏の変更届）

> 第107条　やむを得ない事由によつて氏を変更しようとするときは、戸籍の筆頭に記載した者及びその配偶者は、氏及び氏の振り仮名を変更することについて家庭裁判所の許可を得て、その許可を得た氏及び氏の振り仮名を届け出なければならない。
> ②　外国人と婚姻をした者がその氏を配偶者の称している氏に変更しようとするときは、その者は、その婚姻の日から六箇月以内に限り、家庭裁判所の許可を得ないで、その旨及び変更しようとする氏の振り仮名を届け出ることができる。
> ③・④　（略）

1　第107条第1項関係

　本項は、やむを得ない事由によって氏を変更しようとするときは、戸籍の筆頭者とその配偶者とが共同して、氏及び氏の振り仮名を変更することについて家庭裁判所の許可を得た上で、その許可を得た氏及び氏の振り仮名を届け出なければならないことを定めるものである。

　令和5年改正により、氏の変更に伴わない氏の振り仮名の変更について、家庭裁判所の許可を要件とする手続が設けられたことにより（第107条の3）、氏の振り仮名は自由に変更することができないものとなったことから、氏の変更に伴い氏の振り仮名を変更する場合もまた、家庭裁判所の許可を必要とするのが合理的である。

　氏を変更しようとする場合、通常、その読み方も変更され、氏の振り仮名も変更されることが多いと考えられるが、結果として氏の振り仮名が変わらない場合であっても、氏が変わるのであれば、潜在的にはその振り仮名（読み方）も変更を伴うものであるため、氏と併せてその振り仮名についても家庭裁判所の審査の対象とするものとし、その許可を得た氏及び氏の振り仮名を届け出なければならないことを法律上明記することとしたものである。

2　第107条第2項関係

　本項は、外国人と婚姻をした者がその氏を配偶者の称している氏に変更しようとするときは、婚姻の日から6か月以内に限り、家庭裁判所の許可を得

ないで、外国人配偶者の称している氏及びその氏の振り仮名を届け出ることができることを定めるものである。

　外国人配偶者の称している氏に係る氏の振り仮名は、外国人配偶者と一度離婚した後に当該者と再婚した場合など、極めて例外的な場合を除き、届出人の従前の戸籍に記載されていないものであることから、氏の変更の届出に際し、併せて、外国人配偶者の称している氏に係る氏の振り仮名も届け出ることとしたものである。

　なお、外国人配偶者の称している氏に変更した者が離婚等により婚姻前の氏に変更する場合（本条第3項）においては、氏の変更ではあるものの、実質的には離婚等による復氏（民法第767条第1項）と同視できる場面であり、通常、婚姻前の氏に係る氏の振り仮名が婚姻前の戸籍に記載されていることが想定されることから、氏の振り仮名を届け出ることとはしていない。

第107条の2関係（名の変更届）

> 第107条の2　正当な事由によつて名を変更しようとする者は、名及び名の振り仮名を変更することについて家庭裁判所の許可を得て、その許可を得た名及び名の振り仮名を届け出なければならない。

　本条は、正当な事由によって名を変更しようとするときは、名及び名の振り仮名を変更することについて家庭裁判所の許可を得た上で、その許可を得た名及び名の振り仮名を届け出なければならないことを定めるものである。

　令和5年改正により、名の変更に伴わない名の振り仮名の変更について、家庭裁判所の許可を要件とする手続が設けられたことにより（第107条の4）、名の振り仮名は自由に変更することができないものとなったことから、名の変更に伴い名の振り仮名を変更する場合もまた、家庭裁判所の許可を必要とするのが合理的である。

　名を変更しようとする場合、通常、その読み方も変更され、名の振り仮名も変更されることが多いと考えられるが、結果として名の振り仮名が変わらない場合であっても、名が変わるのであれば、潜在的にはその振り仮名（読み方）も変更を伴うものであるため、名と併せてその振り仮名についても家庭裁判所の審査の対象とするものとし、その許可を得た名及び名の振り仮名を届け出なければならないことを法律上明記することとしたものである。

第107条の3関係（氏の振り仮名の変更届）

> 第107条の3　やむを得ない事由によつて氏の振り仮名を変更しようとすると
> きは、戸籍の筆頭に記載した者及びその配偶者は、家庭裁判所の許可を得
> て、その旨を届け出なければならない。

　本条は、やむを得ない事由によって氏の振り仮名を変更しようとするとき
は、戸籍の筆頭者とその配偶者とが共同して、氏の振り仮名を変更すること
について家庭裁判所の許可を得た上で、その許可を得た氏の振り仮名を届け
出なければならないことを定めるものである。

　氏の振り仮名は、氏の読み方を示すものであって、氏と同様に本人確認事
項の一つとなるものであることから、その変更を自由に認めることは相当で
はなく、変更するための要件を定め、一定の制約を設ける必要がある。

　氏の振り仮名の変更に係る規律を設けるに当たり、届出人及び変更の要件
については、氏の変更の場合に準ずるものとすることが適当であると考えら
れることから、やむを得ない事由によって氏の振り仮名を変更しようとする
ときは、戸籍の筆頭者及びその配偶者は、家庭裁判所の許可を得て、その旨
を届け出なければならないこととされたものである。

第107条の4関係（名の振り仮名の変更届）

> 第107条の4　正当な事由によつて名の振り仮名を変更しようとする者は、家庭裁判所の許可を得て、その旨を届け出なければならない。

　本条は、正当な事由によって名の振り仮名を変更しようとするときは、名の振り仮名を変更することについて家庭裁判所の許可を得た上で、その許可を得た名の振り仮名を届け出なければならないことを定めるものである。

　名の振り仮名は、名の読み方を示すものであって、名と同様に本人確認事項の一つとなるものであることから、その変更を自由に認めることは相当ではなく、変更するための要件を定め、一定の制約を設ける必要がある。

　名の振り仮名の変更に係る規律を設けるに当たり、届出人及び変更の要件については、名の変更の場合に準ずるものとすることが適当であると考えられることから、正当な事由によって名の振り仮名を変更しようとするときは、家庭裁判所の許可を得て、その旨を届け出なければならないこととされたものである。

第110条第2項関係（就籍届）

第110条　（略）
②　届書には、第十三条第一項に掲げる事項のほか、就籍許可の年月日を記載
　しなければならない。

　本項は、就籍の届書の記載事項を定めるものである。
　令和5年改正により、引用していた第13条に第2項及び第3項が新設さ
れたことから、「第13条」を「第13条第1項」とするとともに、現代語化
するため、「外」を「ほか」とする字句の修辞的な改正が行われたもので、
実質に変更はない。

改正法附則第6条関係（戸籍に記載されている氏に係る氏の振り仮名の届出）

> 第6条　附則第一条第三号に掲げる規定の施行の際現に戸籍の筆頭に記載されている者（以下「筆頭者」という。）（既にこの項又は次項の規定による届出をした者を除く。）は、第三号施行日から起算して一年以内に限り、当該筆頭者の戸籍に記載されている氏に係る氏の振り仮名の届出をすることができる。
>
> 2　前項の届出をすることができる筆頭者であって、附則第一条第三号に掲げる規定の施行の際現に同項の氏について第七条の規定による改正後の戸籍法（以下「新戸籍法」という。）第十三条第二項の規定による同条第一項第二号の読み方（以下「一般の読み方」という。）以外の氏の読み方を使用しているものは、第三号施行日から起算して一年以内に限り、前項の届出に代えて現に使用している氏の読み方を示す文字を戸籍の記載事項とする旨の届出をすることができる。この場合において、当該届出に係る戸籍に記載されている者に係る新戸籍法第十三条第一項第二号、第二十九条第四号、第百七条第一項及び第百七条の三の規定その他の法令の規定の適用については、当該届出に係る文字を氏の振り仮名とみなす。
>
> 3　第一項の届出をすることができる筆頭者が当該戸籍から除籍されているときは、次に掲げる者は、第三号施行日から起算して一年以内に限り、その順序に従って、前二項の届出をすることができる。ただし、既に当該戸籍について前二項の届出がされているときは、この限りでない。
> 　　一　配偶者（その戸籍から除かれた者を除く。）
> 　　二　子（その戸籍から除かれた者を除く。）
>
> 4　第二項の届出をする者は、現に使用している氏の読み方が通用していることを証する書面を提出しなければならない。

1　改正法附則第6条第1項関係

　本項は、改正法の施行の際、現に戸籍に記載されている戸籍の筆頭者は、施行日から起算して1年以内に一度に限り、当該筆頭者の戸籍に記載されている氏に係る氏の振り仮名を届け出ることができることを定めるものである。

　氏の振り仮名の届出について、戸籍の筆頭者が届け出ることができるとされたのは、①氏の振り仮名は、戸籍の筆頭者の氏に係る氏の読み方であるところ、その氏を従前から使用しており、当該氏の読み方について最も熟知しているのは戸籍の筆頭者であると考えられること及び②配偶者と共同で届け

出ることとすれば負担となりかねないことのほか、③届出がされなかった場合に市区町村長が氏の振り仮名等を戸籍に記載するに当たって（改正法附則第 9 条第 1 項及び第 3 項）、戸籍の筆頭者の氏の読み方を基準とすることを明確にすることも考慮されたものである。

　また、届出の期間を 1 年以内としたのは、届出人による届出の機会を確保する一方で、届出期間内に届出がない場合には、早期の届出を期待することができず、可及的速やかに戸籍に氏名の振り仮名等を記載する必要があることから、そのバランスを図ったものである。

2　改正法附則第 6 条第 2 項関係

　本項は、改正法の施行の際現に戸籍に記載されている戸籍の筆頭者は、氏に用いられる文字の読み方として、一般の読み方以外の読み方を使用している場合には、施行日から起算して 1 年以内に一度に限り、当該筆頭者の戸籍に記載されている氏に係る氏の振り仮名の届出に代えて、現に使用している氏の読み方を示す文字を戸籍の記載事項とする旨の届出をすることができること、及びこの場合、届出された文字については、戸籍の記載事項等、一定の場面において氏の振り仮名とみなされることを定めるものである。

　これは、新たに氏名の振り仮名として許容される範囲に係る規律を設けることに伴い、法文上、「氏名として用いられる文字の読み方として一般に認められているもの」を示す文字が氏名の振り仮名とされたところ（第 13 条第 1 項第 2 号及び第 2 項）、既に戸籍に記載されている者がこうした一般の読み方以外の読み方を現に使用している場合には、これを尊重し、当該読み方を示す文字を氏名の振り仮名と同等の扱いとする整理をしたものである。

　規律の趣旨は第 1 項の氏の振り仮名の届出と同様である。

3　改正法附則第 6 条第 3 項関係

　本項は、第 1 項の届出をすることができる戸籍の筆頭者が除籍されている場合には、第 14 条による氏名の記載順序に従い、第 2 順位として同籍している配偶者が届出人となり、配偶者も除籍されている場合には、次いで同籍している子が届出人となり、施行日から 1 年以内に限り、氏の振り仮名等の届出をすることができることを定めるものである。

　先順位者が「当該戸籍から除籍されているとき」に限定しているのは、そのような場合には、氏の振り仮名等を届け出る者がおらず、そのことが戸籍上明らかであるからである。

4　改正法附則第6条第4項関係

　本項は、氏について一般の読み方以外の読み方を使用している場合において、戸籍に記載されている氏に係る氏の振り仮名に代えて、現に使用している氏の読み方を示す文字を届け出るときは、その氏の読み方が通用していることを証する書面を提出しなければならないことを定めるものである。

　これは、氏の振り仮名に代えて、一般の読み方以外の氏の読み方を示す文字を戸籍に記載するに当たっては、届出人においてその読み方を現に使用していることを明らかにする必要があると考えられたためである。

　現に使用している一般の読み方以外の氏の読み方が通用していることを証する書面については、パスポート（旅券）や預貯金通帳等が想定されている。

改正法附則第7条関係（新戸籍に記載されている氏に係る氏の振り仮名の届出）

> 第7条　附則第一条第三号に掲げる規定の施行の際現に戸籍に記載されている者（筆頭者を除く。）であって、第三号施行日以後に新たに編製される戸籍（以下この条及び附則第十一条において「新戸籍」という。）の筆頭に記載されるもの（既にこの項又は次項の規定による届出をした者を除く。）は、第三号施行日から起算して一年以内に限り、当該新戸籍に記載されている氏に係る氏の振り仮名の届出をすることができる。
>
> 2　前項に規定する者であって、附則第一条第三号に掲げる規定の施行の際現に同項の氏について一般の読み方以外の氏の読み方を使用しているものは、第三号施行日から起算して一年以内に限り、同項の届出に代えて現に使用している氏の読み方を示す文字を当該者に係る新戸籍の記載事項とする旨の届出をすることができる。この場合において、当該届出に係る新戸籍に記載されている者に係る新戸籍法第十三条第一項第二号、第二十九条第四号、第百七条第一項及び第百七条の三の規定その他の法令の規定の適用については、当該届出に係る文字を氏の振り仮名とみなす。
>
> 3　第一項に規定する者が当該者に係る新戸籍から除籍されているときは、次に掲げる者は、第三号施行日から起算して一年以内に限り、その順序に従って、前二項の届出をすることができる。ただし、既に当該新戸籍について前二項の届出がされているときは、この限りでない。
>
> 　　一　配偶者（その戸籍から除かれた者を除く。）
> 　　二　子（その戸籍から除かれた者を除く。）
>
> 4　前三項の規定は、新戸籍が編製される日前に当該新戸籍に記載される氏について前条第一項又は第二項の届出がされているときは、適用しない。
>
> 5　第二項の届出をする者は、現に使用している氏の読み方が通用していることを証する書面を提出しなければならない。

1　改正法附則第7条第1項関係

　本項は、改正法の施行の際現に戸籍に記載されている者であって戸籍の筆頭者以外のものについて、施行日以後、婚姻や分籍等により当該戸籍から除籍されるなどして、新戸籍が編製された場合には、当該新戸籍に係る戸籍の筆頭者が、施行日から1年以内に一度に限り、当該新戸籍に記載されている氏に係る氏の振り仮名を届け出ることができることを定めるものである。

　これは、氏の振り仮名については、戸籍の筆頭者が届け出ることとしてい

るところ（改正法附則第6条第1項）、従前の戸籍について氏の振り仮名が定まらない間に、従前の戸籍の筆頭者ではない者を戸籍の筆頭者とする新戸籍が編製された場合に、当該新戸籍に氏の振り仮名を記載する必要があると考えられたためである。

　規律の趣旨は、改正法附則第6条第1項の氏の振り仮名の届出と同様である。

2　改正法附則第7条第2項関係

　本項は、改正法の施行の際現に戸籍に記載されている者であって戸籍の筆頭者以外のものについて、施行日以後、婚姻や分籍等により当該戸籍から除籍されるなどして、新戸籍が編製された場合に、当該新戸籍に係る戸籍の筆頭者が一般の読み方以外の氏の読み方を使用しているときは、施行日から1年以内に一度に限り、当該新戸籍に記載される氏の振り仮名の届出に代えて、現に使用している氏の読み方を示す文字を戸籍の記載事項とする旨の届出をすることができること、及びこの場合、届出された文字については、戸籍の記載事項等、一定の場面において氏の振り仮名とみなされることを定めるものである。

　規律の趣旨は、第1項と同様である。

3　改正法附則第7条第3項関係

　本項は、改正法の施行の際現に戸籍に記載されている者であって戸籍の筆頭者以外のものについて、施行日以後、婚姻や分籍等により当該戸籍から除籍されるなどして、新戸籍が編製されたところ、当該新戸籍に係る戸籍の筆頭者が氏の振り仮名等の届出をする前に除籍されているときは、第14条による氏名の記載順序に従い、第2順位として同籍している配偶者が届出人となり、配偶者も除籍されているときには、次いで同籍している子が届出人となり、施行日から1年以内に限り、氏の振り仮名等の届出をすることができることを定めるものである。

　先順位者が「当該者に係る新戸籍から除籍されているとき」に限定しているのは、そのような場合には、氏の振り仮名等を届け出る者がおらず、そのことが戸籍上明らかであるからである。

4　改正法附則第 7 条第 4 項関係

　本項は、第 1 項から第 3 項までの新戸籍が編製された場合の氏の振り仮名の届出や氏の振り仮名の届出に代えてする現に使用している氏の読み方を示す文字の届出は、従前の戸籍の筆頭者等が氏の振り仮名等を届け出る前に新戸籍が編製された場合でなければすることができないことを定めるものである。

　これは、新戸籍が編製される日より前に従前の戸籍の筆頭者等が氏の振り仮名等を届け出ていた場合には、新戸籍に記載されている氏に係る氏の読み方も確定していると考えられるためである。

5　改正法附則第 7 条第 5 項関係

　本項は、新戸籍の筆頭者の氏について一般の読み方以外の読み方を使用している場合において、当該筆頭者の戸籍に記載されている氏に係る氏の振り仮名に代えて、現に使用している氏の読み方を示す文字を届け出るときは、その氏の読み方が通用していることを証する書面を提出しなければならないことを定めるものである。

　規律の趣旨は、改正法附則第 6 条第 4 項の現に使用している一般の読み方以外の氏の読み方を示す文字の届出において提出すべき書面の規定と同様である。

改正法附則第8条関係（戸籍に記載されている名に係る名の振り仮名の届出）

> 第8条　附則第一条第三号に掲げる規定の施行の際現に戸籍に記載されている者（既にこの項又は次項の規定による届出をした者を除く。）は、第三号施行日から起算して一年以内に限り、当該者の戸籍に記載されている名に係る名の振り仮名の届出をすることができる。
>
> 2　前項に規定する者であって、附則第一条第三号に掲げる規定の施行の際現に同項の名について一般の読み方以外の名の読み方を使用しているものは、第三号施行日から起算して一年以内に限り、同項の届出に代えて現に使用している名の読み方を示す文字を戸籍の記載事項とする旨の届出をすることができる。この場合において、当該届出をした者に係る新戸籍法第十三条第一項第二号、第二十九条第四号、第百七条の二及び第百七条の四の規定その他の法令の規定の適用については、当該届出に係る文字を名の振り仮名とみなす。
>
> 3　前項の届出をする者は、現に使用している名の読み方が通用していることを証する書面を提出しなければならない。

1　改正法附則第8条第1項関係

　本項は、改正法の施行の際現に戸籍に記載されている者は、施行日から1年以内に一度に限り、当該者の戸籍に記載されている名に係る名の振り仮名を届け出ることができることを定めるものである。

　同一戸籍内であっても、氏と異なり、名は個別に付されているものであることから、名の振り仮名の届出は、戸籍に記載されている者ごとに届け出ることができる。

　届出の期間を1年以内としたのは、届出人による届出の機会を確保する一方で、届出期間内に届出がない場合には、早期の届出を期待することができず、可及的速やかに戸籍に氏名の振り仮名等を記載する必要があることから、そのバランスを図ったものである。

2　改正法附則第8条第2項関係

　本項は、改正法の施行の際現に戸籍に記載されている者が、名に用いられる文字の読み方として、一般の読み方以外の名の読み方を使用している場合

には、施行日から1年以内に一度に限り、当該者の戸籍に記載されている名
に係る名の振り仮名の届出に代えて、現に使用している名の読み方を示す文
字を戸籍の記載事項とする旨の届出をすることができること、及びこの場
合、届出された文字については、戸籍の記載事項等、一定の場面において名
の振り仮名とみなされることを定めるものである。

　これは、新たに氏名の振り仮名として許容される範囲に係る規律を設ける
ことに伴い、法文上、「氏名として用いられる文字の読み方として一般に認
められているもの」を示す文字が氏名の振り仮名とされたところ（第13条
第1項第2号及び第2項）、既に戸籍に記載されている者がこうした一般の読
み方以外の読み方を現に使用している場合には、これを尊重し、当該読み方
を示す文字を氏名の振り仮名と同等の扱いとする整理をしたものである。

　規律の趣旨は第1項の名の振り仮名の届出と同様である。

3　改正法附則第8条第3項関係

　本項は、名について一般の読み方以外の読み方を使用している場合におい
て、名の振り仮名に代えて、現に使用している名の読み方を示す文字を届け
出るときは、その名の読み方が通用していることを証する書面を提出しなけ
ればならないことを定めるものである。

　規律の趣旨は、改正法附則第6条第4項の現に使用している氏の読み方を
示す文字の届出において提出すべき書面の規定と同様である。

改正法附則第9条関係（本籍地の市町村長による氏名の振り仮名の記載等）

第9条 本籍地の市町村長（特別区の区長を含むものとし、地方自治法（昭和二十二年法律第六十七号）第二百五十二条の十九第一項の指定都市（以下この項において「指定都市」という。）にあっては、区長又は総合区長とする。以下この条及び附則第十三条において同じ。）は、第三号施行日から起算して一年を経過した日に、市役所（特別区の区役所を含むものとし、指定都市にあっては、区又は総合区の区役所とする。）又は町村役場の所在地を管轄する法務局又は地方法務局の長（次項において「管轄法務局長等」という。）の許可を得て、附則第一条第三号に掲げる規定の施行の際現に戸籍に記載されている者に係る氏の振り仮名を戸籍に記載するものとする。ただし、同日の前日までに附則第六条第一項若しくは第二項の届出又は附則第七条第一項若しくは第二項の届出があったときは、この限りでない。

2 本籍地の市町村長は、第三号施行日から起算して一年を経過した日に、管轄法務局長等の許可を得て、附則第一条第三号に掲げる規定の施行の際現に戸籍に記載されている者（同日の前日までに前条第一項又は第二項の届出をした者を除く。）に係る名の振り仮名を戸籍に記載するものとする。

3 本籍地の市町村長は、前二項の場合において、附則第一条第三号に掲げる規定の施行の際現に戸籍に記載されている者に一般の読み方以外の氏の読み方又は名の読み方が使用されていると認めるときは、前二項の規定にかかわらず、氏の振り仮名又は名の振り仮名に代えてその使用されている氏の読み方又は名の読み方を示す文字を当該者の戸籍に記載することができる。この場合において、この項の規定により当該文字を戸籍に記載された者に係る新戸籍法第十三条第一項第二号、第二十九条第四号、第百七条第一項及び第百七条の二の規定その他の法令の規定の適用については、当該記載に係る文字を氏の振り仮名又は名の振り仮名とみなす。

4 本籍地の市町村長は、第三号施行日後遅滞なく、附則第一条第三号に掲げる規定の施行の際現に戸籍に記載されている者に対し、前三項の規定により当該者の戸籍に記載しようとする氏の振り仮名若しくは名の振り仮名又は一般の読み方以外の氏の読み方若しくは名の読み方を示す文字を通知するものとする。ただし、あらかじめ通知することが困難である場合は、この限りでない。

1　改正法附則第9条第1項関係

　本項は、改正法の施行の際現に戸籍に記載されている者について、届出資格者が施行日から1年以内に氏の振り仮名の届出又は氏の振り仮名の届出に代えてする現に使用している氏の読み方を示す文字の届出をしない場合には、本籍地の市区町村長が、施行日から起算して1年を経過した日に、管轄法務局長等の許可を得て、氏の振り仮名を戸籍に記載することを定めるものである。

　これは、国民の多くが既に戸籍に記載されている者に該当するところ、新たに氏の振り仮名等の届出を義務付けることは、国民全体に大きな負担を課すことになるほか、届出をしない場合に過料の制裁の対象とすることも相当ではないことから、氏の振り仮名等について、施行日から1年以内に限り、届出をすることができることとした上で、届出がない場合には、市区町村長が氏の振り仮名等を戸籍に記載することとしたものである。本籍地の市区町村長が氏の振り仮名等を戸籍に記載するに当たっては、住民票において市区町村が事務処理の用に供するため便宜上保有する情報等を参考にすることを予定している。

　なお、本籍地の市区町村長が氏の振り仮名等を戸籍に記載するに当たり、管轄法務局長等の許可を必要としたのは、氏の振り仮名等の記載について統一的な対応が必要と考えられるためである。

2　改正法附則第9条第2項関係

　本項は、改正法の施行の際現に戸籍に記載されている者について、届出資格者が施行日から1年以内に名の振り仮名の届出又は名の振り仮名の届出に代えてする現に使用している名の読み方を示す文字の届出をしない場合には、本籍地の市区町村長が、施行日から起算して1年を経過した日に、管轄法務局長等の許可を得て、名の振り仮名を戸籍に記載することを定めるものである。

　規律の趣旨は、第1項と同様である。

3　改正法附則第9条第3項関係

　本項は、第1項及び第2項により、本籍地の市区町村長が、施行日から起

算して1年を経過した日に、管轄法務局長等の許可を得て、氏又は名の振り仮名を戸籍に記載する場合において、一般の読み方以外の氏の読み方又は名の読み方が使用されていると認めるときに、当該者の戸籍に記載されている氏又は名に係る氏又は名の振り仮名に代えて、現に使用している氏の読み方又は名の読み方を示す文字を記載することができること、及びこの場合、記載された文字について、戸籍の記載事項等、一定の場面において氏又は名の振り仮名とみなされることを定めるものである。

　これは、新たに氏名の振り仮名として許容される範囲に係る規律を設けることに伴い、法文上、「氏名として用いられる文字の読み方として一般に認められているもの」を示す文字が氏名の振り仮名とされたところ（第13条第1項第2号及び第2項）、既に戸籍に記載されている者がこうした一般の読み方以外の読み方を現に使用している場合には、これを尊重し、当該読み方を示す文字を氏名の振り仮名と同等の扱いとする整理をしたものである。

　規律の趣旨は、第1項及び第2項と同様である。

4　改正法附則第9条第4項関係

　本項は、本籍地の市区町村長が、あらかじめ通知することが困難である場合を除き、施行日後遅滞なく、改正法の施行の際現に戸籍に記載されている者に対し、当該者について戸籍に記載しようとしている氏若しくは名の振り仮名又は一般の読み方以外の氏の読み方若しくは名の読み方を示す文字を通知することを定めるものである。

　戸籍に記載される前に事前に通知をするのは、既に戸籍に記載されている者が戸籍に記載される予定の氏名の振り仮名等を認識する機会を確保するとともに、氏名の振り仮名等の届出を促すためである。

　なお、あらかじめ通知をすることが困難である場合とは、住民票が消除されている場合などが考えられる。

改正法附則第 10 条関係（本籍地の市町村長が戸籍に記載した氏の振り仮名等の変更の届出）

第 10 条　前条第一項の規定により戸籍に氏の振り仮名が記載されたときは、当該戸籍の筆頭者（既にこの項又は次項の規定による届出をした者を除く。同項において同じ。）は、氏の振り仮名を変更する旨の届出をすることができる。

2　前条第一項の規定により戸籍に氏の振り仮名が記載された場合において、当該戸籍の筆頭者が附則第一条第三号に掲げる規定の施行の際現に一般の読み方以外の氏の読み方を使用しているときは、当該戸籍の筆頭者は、戸籍の記載事項を現に使用している氏の読み方を示す文字に変更する旨の届出をすることができる。この場合において、当該届出に係る戸籍に記載されている者に係る新戸籍法第十三条第一項第二号、第二十九条第四号、第百七条第一項及び第百七条の三の規定その他の法令の規定の適用については、当該届出に係る文字を氏の振り仮名とみなす。

3　前条第三項の規定により戸籍に一般の読み方以外の氏の読み方を示す文字を記載されたときは、当該戸籍の筆頭者（既にこの項又は次項の規定による届出をした者を除く。同項において同じ。）は、戸籍の記載事項を一般の読み方による氏の振り仮名に変更する旨の届出をすることができる。

4　前条第三項の規定により戸籍に一般の読み方以外の氏の読み方を示す文字を記載された場合において、当該戸籍の筆頭者が附則第一条第三号に掲げる規定の施行の際現に戸籍に記載された氏の読み方以外の氏の読み方であって一般の読み方以外のものを使用しているときは、当該戸籍の筆頭者は、戸籍の記載事項を現に使用している氏の読み方を示す文字に変更する旨の届出をすることができる。この場合において、当該届出に係る戸籍に記載されている者に係る新戸籍法第十三条第一項第二号、第二十九条第四号、第百七条第一項及び第百七条の三の規定その他の法令の規定の適用については、当該届出に係る文字を氏の振り仮名とみなす。

5　新戸籍法第百七条の三の規定は、前各項の届出には、適用しない。

6　第一項から第四項までの届出をしようとする者に配偶者があるときは、配偶者とともに当該届出をしなければならない。

7　附則第六条第三項の規定は、第一項から第四項までの筆頭者が当該戸籍から除籍されている場合について準用する。この場合において、同条第三項中「第三号施行日から起算して一年以内に限り、その」とあるのは、「その」と読み替えるものとする。

> 8　第二項又は第四項の届出をする者は、当該届出に係る現に使用している氏
> の読み方が通用していることを証する書面を提出しなければならない。

1　改正法附則第10条第1項関係

　本項は、改正法附則第9条第1項の規定により本籍地の市区町村長が戸籍
に氏の振り仮名を記載した場合において、当該戸籍の筆頭者は、一度に限
り、その氏の振り仮名を変更する届出をすることができることを定めるもの
である。

　これは、本籍地の市区町村長が戸籍の氏の振り仮名欄に、現に使用されて
いる氏の読み方を示す文字と異なるものを記載する場合があり得ることか
ら、これを修正する機会を与えるために簡易な変更手続が設けられたもので
ある。

　なお、修正する機会を確保するため、届出に期限は設けられていない。

2　改正法附則第10条第2項関係

　本項は、改正法附則第9条第1項の規定により本籍地の市区町村長が戸籍
に氏の振り仮名を記載した場合において、当該戸籍の筆頭者は、氏に用いら
れる文字の読み方として、一般の読み方以外の読み方を使用しているとき
は、一度に限り、現に使用している氏の読み方を示す文字を届け出ることが
できること、及びこの場合、届出された文字については、戸籍の記載事項
等、一定の場面において氏の振り仮名とみなされることを定めるものである。

　規律の趣旨は、現に使用している一般の読み方以外の氏の読み方を尊重す
る点において改正法附則第6条第2項と、本籍地の市区町村長が戸籍に記載
した氏の振り仮名について修正する機会を設ける点において本条第1項と同
様である。

3　改正法附則第10条第3項関係

　本項は、改正法附則第9条第3項の規定により本籍地の市区町村長が戸籍
に一般の読み方以外の氏の読み方を示す文字を記載した場合において、当該
戸籍の筆頭者は、一度に限り、一般の読み方による氏の振り仮名に変更する

届出をすることができることを定めるものである。

　これは、第1項と同様、本籍地の市区町村長が戸籍の氏の振り仮名欄に、現に使用されている氏の読み方を示す文字と異なるものを記載する場合があり得ることから、これを修正する機会を与えるためである。

4　改正法附則第10条第4項関係

　本項は、改正法附則第9条第3項の規定により本籍地の市区町村長が戸籍に一般の読み方以外の氏の読み方を示す文字を記載した場合において、当該戸籍の筆頭者は、一度に限り、現に使用している一般の読み方以外の氏の読み方を示す文字に変更する届出ができること、及びこの場合、記載された文字については、戸籍の記載事項等、一定の場面において氏の振り仮名とみなされることを定めるものである。

　規律の趣旨は、第2項と同様である。

5　改正法附則第10条第5項関係

　本項は、第1項から第4項までの変更の届出について、第107条の3の規定において氏の振り仮名の変更をする場合に必要とされる家庭裁判所の許可を得る必要がないことを定めるものである。

　これは、戸籍の氏の振り仮名は、本人等が現に使用している読み方を尊重するという観点から、可能な限り本人等が届け出るものが記載されることが望ましいこと及び施行日から起算して1年以内であれば、家庭裁判所の許可を得ることなく届出をすることができたことに配慮したものである。

6　改正法附則第10条第6項関係

　本項は、第1項から第4項までの変更の届出について、届出人に配偶者がいる場合には、配偶者と共同で届け出なければならないことを定めるものである。

　これは、戸籍法上、氏や氏の振り仮名を変更しようとする場合には、戸籍の筆頭者とその配偶者が共同して届け出なければならないとされていることから（第107条第1項、第107条の3）、この原則に倣ったものである。

　改正法附則第6条及び第7条において、施行日から1年以内に限り、戸籍の筆頭者による単独の届出を認めているのは、基本的には報告的届出としての性質を有するものであるほか、氏の振り仮名等の届出を促すための政策的な面もあると考えられ、届出期間を経過した後に一度適法に戸籍に記載された事項を変更する場合には、創設的届出である変更の届出となることから、原則に戻った取扱いがされることとなる。

7　改正法附則第10条第7項関係

　第1項から第4項までの届出をする戸籍の筆頭者が除籍されている場合には、第14条による氏名の記載順序に従い、第2順位として同籍している配偶者が届出人となり、配偶者も除籍されている場合には、次いで同籍している子が届出人となり、第1項から第4項までの変更の届出をすることができることを定めるものである。

　先順位者が「当該戸籍から除籍されている場合」に限定しているのは、そのような場合には、氏の振り仮名等の変更を届け出る者がおらず、そのことが戸籍上明らかであるからである。

　また、改正法附則第6条第3項の届出と異なり、施行日から1年以内に届け出ることとされていないのは、本籍地の市区町村長が戸籍の氏の振り仮名欄に、現に使用している氏の読み方と異なるものを記載する場合があり得ることから、これを修正する機会を与えるためである。

8　改正法附則第10条第8項関係

　本項は、氏について一般の読み方以外の読み方を使用している場合において、氏の振り仮名に代えて、現に使用している氏の読み方を示す文字を届け出るときは、その氏の読み方が通用していることを証する書面を提出しなければならないことを定めるものである。

　これは、氏の振り仮名に代えて、一般の読み方以外の氏の読み方を示す文字を戸籍に記載するに当たっては、届出人においてその読み方を現に使用していることを明らかにする必要があると考えられたためである。

改正法附則第11条関係（本籍地の市町村長が新戸籍に記載した 氏の振り仮名等の変更の届出）

> 第11条　前条の規定は、附則第九条第一項又は第三項の規定により氏の振り 仮名又は一般の読み方以外の氏の読み方を示す文字が記載された戸籍に記載 されている者（筆頭者を除く。）であって、新戸籍の筆頭に記載されるもの について準用する。ただし、当該新戸籍が編製される日前に当該新戸籍に記 載される氏について前条第一項から第四項までの届出又はこの条において準 用する前条第一項から第四項までの届出がされているときは、この限りでな い。

　本条は、改正法の施行の際現に戸籍に記載されている者であって戸籍の筆 頭者以外のものについて、施行日以後、婚姻や分籍等により当該戸籍から除 籍されるなどして、新戸籍が編製されたものの、氏の振り仮名等の届出がさ れないことにより、本籍地の市区町村長が当該新戸籍の氏の振り仮名欄に氏 の振り仮名等を記載した場合の取扱いについて、改正法附則第10条の規定 を準用することを定めるものである。

　新戸籍が編製される前に新戸籍に記載された氏について、従前の戸籍に記 載された氏に係る氏の振り仮名等の変更の届出がされている場合には、本条 本文による変更の届出をすることはできない（本条ただし書）。

　なお、新戸籍編製後に氏の振り仮名等の変更の届出をした者は、本条が準 用する改正法附則第10条第1項及び第3項の規定により、再度の変更の届 出をすることはできない。

　規律の趣旨は、新戸籍について本籍地の市区町村長が氏の振り仮名等を記 載する前の届出を規定した改正法附則第7条第4項と同様である。

改正法附則第12条関係（本籍地の市町村長が戸籍に記載した名の振り仮名等の変更の届出）

> 第12条　附則第九条第二項の規定により戸籍に名の振り仮名を記載された者（既にこの項又は次項の規定による届出をした者を除く。同項において同じ。）は、当該名の振り仮名を変更する旨の届出をすることができる。
>
> 2　附則第九条第二項の規定により戸籍に名の振り仮名を記載された者であって、附則第一条第三号に掲げる規定の施行の際現に一般の読み方以外の名の読み方を使用しているものは、戸籍の記載事項を現に使用している名の読み方を示す文字に変更する旨の届出をすることができる。この場合において、当該届出により戸籍の記載事項を変更した者に係る新戸籍法第十三条第一項第二号、第二十九条第四号、第百七条の二及び第百七条の四の規定その他の法令の規定の適用については、当該届出に係る文字を名の振り仮名とみなす。
>
> 3　附則第九条第三項の規定により戸籍に一般の読み方以外の名の読み方を示す文字を記載された者（既にこの項又は次項の規定による届出をした者を除く。同項において同じ。）は、戸籍の記載事項を一般の読み方による名の振り仮名に変更する旨の届出をすることができる。
>
> 4　附則第九条第三項の規定により戸籍に一般の読み方以外の名の読み方を示す文字を記載された者であって、附則第一条第三号に掲げる規定の施行の際現に戸籍に記載された名の読み方以外の名の読み方であって一般の読み方以外のものを使用しているものは、戸籍の記載事項を現に使用している名の読み方を示す文字に変更する旨の届出をすることができる。この場合において、当該届出により名の読み方を示す文字を変更した者に係る新戸籍法第十三条第一項第二号、第二十九条第四号、第百七条の二及び第百七条の四の規定その他の法令の規定の適用については、当該届出に係る文字を名の振り仮名とみなす。
>
> 5　新戸籍法第百七条の四の規定は、前各項の届出には、適用しない。
>
> 6　第二項又は第四項の届出をする者は、当該届出に係る現に使用している名の読み方が通用していることを証する書面を提出しなければならない。

1　改正法附則第12条第1項関係

　本項は、改正法附則第9条第2項の規定により本籍地の市区町村長が戸籍に名の振り仮名を記載した場合において、戸籍に記載されている者は、一度に限り、その名の振り仮名を変更する届出をすることができることを定めるものである。

これは、本籍地の市区町村長が戸籍の名の振り仮名欄に、現に使用されている名の読み方を示す文字と異なるものを記載する場合があり得ることから、これを修正する機会を与えるために簡易な変更手続が設けられたものである。

なお、修正する機会を確保するため、届出に期限は設けられていない。

2　改正法附則第12条第2項関係

本項は、改正法附則第9条第2項の規定により本籍地の市区町村長が戸籍に名の振り仮名を記載した場合において、戸籍に記載されている者は、名に用いられる文字の読み方として、一般の読み方以外の読み方を使用している場合には、一度に限り、戸籍に記載されている名に係る名の振り仮名に代えて、現に使用している名の読み方を示す文字を届け出ることができること、及びこの場合、届出された文字については、戸籍の記載事項等、一定の場面において名の振り仮名とみなされることを定めるものである。

規律の趣旨は、現に使用している一般の読み方以外の名の読み方を尊重する点において改正法附則第8条第2項と、本籍地の市区町村長が戸籍に記載した名の振り仮名等について修正する機会を設ける点において第1項と同様である。

3　改正法附則第12条第3項関係

本項は、改正法附則第9条第3項の規定により本籍地の市区町村長が戸籍に一般の読み方以外の名の読み方を示す文字を記載した場合において、当該文字を記載された者は、一度に限り、一般の読み方による名の振り仮名に変更する届出ができることを定めるものである。

これは、第1項と同様、本籍地の市区町村長が戸籍の名の振り仮名欄に、現に使用されている名の読み方を示す文字と異なるものを記載する場合があり得ることから、これを修正する機会を与えるためである。

4　改正法附則第12条第4項関係

本項は、改正法附則第9条第3項の規定により本籍地の市区町村長が戸籍に一般の読み方以外の名の読み方を示す文字を記載した場合において、当該

文字を記載された者は、一度に限り、現に使用している一般の読み方以外の名の読み方を示す文字に変更する届出ができること、及びこの場合、記載された文字については、戸籍の記載事項等、一定の場面において名の振り仮名とみなされることを定めるものである。

　規律の趣旨は、第2項と同様である。

5　改正法附則第12条第5項関係

　本項は、第1項から第4項までの変更の届出について、第107条の4の規定において名の振り仮名の変更をする場合に必要とされる家庭裁判所の許可を得る必要がないことを定めるものである。

　これは、戸籍の名の振り仮名は、本人が現に使用している読み方を尊重する観点から、可能な限り本人が届け出るものが記載されることが望ましいこと及び施行日から1年以内であれば、家庭裁判所の許可を得ることなく届出をすることができたことに配慮したものである。

6　改正法附則第12条第6項関係

　本項は、戸籍に記載された者が名について一般の読み方以外の読み方を使用している場合において、名の振り仮名に代えて、現に使用している名の読み方を示す文字を届け出るときは、その名の読み方が通用していることを証する書面を提出しなければならないことを定めるものである。

　これは、名の振り仮名に代えて、一般の読み方以外の読み方を示す文字を戸籍に記載するに当たっては、届出人においてその読み方を現に使用していることを明らかにする必要があると考えられたためである。

改正法附則第13条関係（本籍地の市町村長による氏名の振り仮名に関する情報の提供の求め）

> 第13条　本籍地の市町村長は、附則第六条から前条までの規定の施行に必要な限度において、関係地方公共団体の長その他の者に対し、附則第一条第三号に掲げる規定の施行の際現に戸籍に記載されている者に係る氏名の振り仮名並びに現に使用されている氏の読み方及び名の読み方を示す文字に関する情報の提供を求めることができる。

　本条は、本籍地の市区町村長が、改正法附則第6条から第12条までの規定の施行（既に戸籍に記載されている者に係る氏名の振り仮名等の収集）に必要な限度で、関係地方公共団体の長等に対し、既に戸籍に記載されている者に係る氏名の振り仮名等に関する情報の提供を求めることができることを定めるものである。

　これは、本籍地の市区町村長が戸籍に氏名の振り仮名等を記載するに当たり、可及的に戸籍に記載されている者が現に使用している氏の読み方又は名の読み方に関する情報を収集し、これを活用することが適当と考えられたためである。

改正法附則第14条関係（一般の読み方以外の氏の読み方又は名の読み方を示す文字に用いることができる仮名及び記号）

第14条　一般の読み方以外の氏の読み方又は名の読み方を示す文字に用いることができる仮名及び記号の範囲は、新戸籍法第十三条第三項の法務省令で定められた仮名及び記号の範囲とする。

　本条は、一般の読み方以外の氏の読み方又は名の読み方を示す文字に用いることができる仮名及び記号の範囲は、氏名の振り仮名に用いることができる文字及び記号と同一の範囲とすることを定めるものである。

第4章 その他

1　令和元年におけるその他の戸籍法改正

　令和元年には、行政手続オンライン化法等改正法附則第15条において、行政手続等における情報通信の技術の利用に関する法律（平成14年法律第151号）の適用における特則を規定した戸籍法第130条の規定の改正が行われている（施行日は、令和元年12月16日）。

　これは、行政手続オンライン化法等改正法第1条による行政手続等における情報通信の技術の利用に関する法律の一部改正により、戸籍法において引用していた「行政手続等における情報通信の技術の利用に関する法律」の題名が「情報通信技術を活用した行政の推進等に関する法律」（デジタル手続法）に改められるとともに、行政手続における情報通信の技術の利用に関する法律第3条が第6条に条ずれする改正や適用除外規定を設ける改正がされたことに伴い、改正されたものである。

　具体的には、戸籍法第130条の規定において、引用する法律の題名を「情報通信技術を活用した行政の推進等に関する法律」と改めるとともに、引用する条項を「第3条」から「第6条」に改める改正や適用除外規定を整理する改正が行われている。

　また、同じく、行政手続オンライン化法等改正法第1条による行政手続等における情報通信の技術の利用に関する法律の一部改正において、他の法令の規定において申請等に際して添付することが規定されている政令で定める書面等について、行政機関等が政令で定める措置により当該書面等により確認すべき事項に係る情報を入手し、又は参照することができる場合には、添付することを要しないこととする添付書面等の省略の規定が設けられ（デジタル手続法第11条）、行政手続における添付書面省略が推進されることとなった。なお、前記第2編第1章の令和元年改正によって、デジタル手続法第11条により添付を省略することができる書面として戸籍又は除かれた戸籍の謄本又は抄本が追加された（戸籍法の一部を改正する法律（令和元年法律

第17号）附則第8条）。

2　令和2年におけるその他の戸籍法改正
第1編第2章のQ41を参照されたい。

3　令和3年におけるその他の戸籍法改正
第1編第2章のQ42を参照されたい。

4　令和4年におけるその他の戸籍法改正
第1編第2章のQ44を参照されたい。

5　令和5年におけるその他の戸籍法改正
⑴　民事関係手続等における情報通信技術の活用等の推進を図るための関係法律の整備に関する法律による戸籍法改正

第1編第3章のQ90を参照されたい。

⑵　地域の自主性及び自立性を高めるための改革の推進を図るための関係法律の整備に関する法律による戸籍法改正

　第1編第3章のQ90のとおり、地域の自主性及び自立性を高めるための改革の推進を図るための関係法律の整備に関する法律（令和5年法律第58号）第6条において、戸籍証明書等の広域交付を定める戸籍法第120条の2第1項及び戸籍電子証明書等の提供の請求等を定める同法第120条の3の規定の改正が行われている。

　地方分権改革推進本部では、「地方分権改革に関する提案募集の実施方針」（平成26年4月30日地方分権改革推進本部決定）に基づき、地方分権改革に関する提案を募集したところ、令和3年に、複数の地方公共団体から、「市町村の空家対策所管部局が管理不全空家の所有者を円滑に特定できるよう、空家等対策の推進に関する特別措置法第12条及び第14条等に基づく措置等を行うにあたり戸籍法第118条で規定する電子情報処理組織を利用した本籍地以外での戸籍発行を公用請求においても活用できるようにする。」との提案がされた。

その後、地方分権改革有識者会議、提案募集検討専門部会等で議論が重ねられ、「令和4年の地方からの提案等に関する対応方針」（令和4年12月20日閣議決定）において、「市区町村が法令の定める事務を遂行するための情報提供の求め等に係る規定に基づいて行う戸籍謄本等の請求及び交付については、戸籍情報連携システムの運用開始後において、戸籍謄本等に記載されている者の本籍地にかかわらず、当該事務が同一市区町村内で完結できることとする。」とされた。

これを受けて、市区町村の機関が指定市区町村長である当該市区町村の長に対して公用請求をする場合において、戸籍情報連携システムを利用して本籍地以外の戸籍証明書等交付を受けることができるようにする等の改正がされたものである。

具体的な条文の改正の趣旨等は次のとおりである。

ア　第120条の2第1項の改正（戸籍証明書等の広域交付）

> 第120条の2　第百十九条の規定により戸籍又は除かれた戸籍が磁気ディスクをもつて調製されているときは、次の各号に掲げる請求は、当該各号に定める者に対してもすることができる。
> 　<u>一　第十条第一項（第十二条の二において準用する場合を含む。次項及び次条（第三項を除く。）において同じ。）の請求　指定市町村長（第百十八条第一項の規定による指定を受けている市町村長をいう。以下同じ。）のうちいずれかの者</u>
> 　<u>二　第十条の二第二項（第十二条の二において準用する場合を含む。次条（第三項を除く。）において同じ。）の請求（市町村の機関がするものに限る。）　当該市町村の長（指定市町村長に限る。）</u>
> ②　（略）

※下線部分が令和元年改正による戸籍法からの改正部分

本項は、本人等が本籍地の指定市区町村長のみならず、本籍地以外の指定市区町村長に対しても、戸籍証明書等の交付請求をすることができることを定めるものである。

この改正において、本人等による請求に加え（本項第1号）、新たに市区町村の機関が行う指定市区町村長である当該市区町村の長に対する公用請求についても、当該市区町村が本籍地かどうかにかかわらず戸籍証明書等の交付

請求をすることができることとされた（本項第2号）。

　これは、広域交付の請求主体が本人等に限定された理由として戸籍証明書等の交付に係る市区町村の事務負担への配慮等が挙げられるところ、同一の市区町村の機関であれば、戸籍証明書等の交付請求や交付について、戸籍事務担当者の繁忙状況に応じて臨機応変に対応することが期待できる上、広域交付を認めたほうが本籍地である他の市区町村の戸籍事務担当者の手を煩わせることがない点で本籍地の市区町村の戸籍事務担当者の負担軽減にもつながること、市区町村の機関が行う公用請求については、管理不全空家の所有者特定のために相続人の情報を確認する等、公共性が高いと考えられるために、これに早期に応じる必要があること等を考慮したものである。

　また、市区町村の機関が当該市区町村の長に対して行う公用請求については、郵送による請求や代理人による請求もできることとされている（本条第2項）。

　これは、支所から本庁への郵送による請求や担当部局の長による当該部局の職員を代理人とする請求も考えられるところ、同一市区町村の機関からの請求であれば、請求者の本人確認も比較的容易であって、市区町村の事務負担も少ないと考えられたためである。

イ　第120条の3の改正（戸籍電子証明書等の提供の請求等）

> 第120条の3　前条第一項の規定によりする第十条第一項の請求又は前条第一項の規定によりする第十条の二第二項の請求（法務省令で定める事務を遂行するために必要がある場合における当該請求に限る。以下この条（第三項を除く。）において同じ。）は、戸籍電子証明書（第百十九条の規定により磁気ディスクをもつて調製された戸籍に記録された事項の全部又は一部を証明した電磁的記録（電子的方式、磁気的方式その他人の知覚によつては認識することができない方式で作られる記録であつて、電子計算機による情報処理の用に供されるものとして法務省令で定めるものをいう。以下同じ。）をいう。以下同じ。）又は除籍電子証明書（第百十九条の規定により磁気ディスクをもつて調製された除かれた戸籍に記録された事項の全部又は一部を証明した電磁的記録をいう。以下同じ。）についてもすることができる。
> ②　前項の規定によりする第十条第一項又は第十条の二第二項の請求があつたときは、指定市町村長は、当該請求をした者に対し、戸籍電子証明書提供用識別符号（当該請求に係る戸籍電子証明書を識別することができるように付

される符号であつて、法務省令で定めるものをいう。以下同じ。）又は除籍
電子証明書提供用識別符号（当該請求に係る除籍電子証明書を識別すること
ができるように付される符号であつて、法務省令で定めるものをいう。以下
同じ。）を発行するものとする。

③　（略）

④　第一項の規定によりする第十条第一項及び第十条の二第二項の請求につい
ては、これらの規定中「交付」とあるのは、「第百二十条の三第三項の規定
により同項に規定する行政機関等に提供すること」とし、第一項の規定によ
りする第十条第一項の請求（本籍地の市町村長以外の指定市町村長に対して
するものに限る。）については、同条第三項及び第十条の三第二項の規定は
適用せず、同条第一項中「現に請求の任に当たつている者」とあり、及び
「当該請求の任に当たつている者」とあるのは、「当該請求をする者」とする。

※下線部分が令和元年改正による戸籍法からの改正部分

　本条は、申請等の行政手続において、請求者が行政機関等に対し戸籍電子
証明書提供用識別符号等を提供することにより戸籍証明書等の添付を省略す
ることができるよう、戸籍電子証明書等と紐付いた戸籍電子証明書提供用識
別符号等を発行するとともに、行政機関等に戸籍電子証明書等を提供する制
度について定めるものである。

　この改正において、市区町村の機関が指定市区町村長である当該市区町村
の長に対してする一定の事務に関する公用請求については、本籍地であるか
どうかを問わず、戸籍電子証明書提供用識別符号等の発行を受け（本条第2
項）、戸籍電子証明書等の提供を受けることができることとされた（本条第1
項、第3項及び第4項）。

　公用請求を行うことができる事務が限定されたのは、一度に多数の戸籍電
子証明書等の提供の請求が行われる可能性があることから、システムの負荷
等が過大となり、第118条第1項の電子情報処理組織を利用した戸籍事務全
体が停滞するおそれがあることを考慮したものであり、本籍地であるかどう
かを問わず請求できることとしたのは、戸籍電子証明書等については、いわ
ば戸籍証明書等の電子版であるため戸籍証明書等と同等の取扱いをすること
が相当であると考えられたためである。

　また、戸籍電子証明書等の提供の公用請求については、郵送による請求や代理人による請求もできることとされている（本条第4項）。

　これは、支所から本庁への郵送による請求や担当部局の長による当該部局の職員を代理人とする請求も考えられるところ、同一市区町村の機関からの請求であれば、請求者の本人確認も比較的容易であって、市区町村の事務負担も少ないと考えられたためである。

［市区町村機関による戸籍証明書等の公用請求に係る広域交付の利用範囲拡大（イメージ）］

制度の現状

　戸籍法の一部を改正する法律（令和元年法律第17号）による改正後の戸籍法第120条の2第1項（戸籍証明書等の広域交付を規定）においては、本籍地の市区町村以外の市区町村に対して戸籍証明書等の請求ができる者について、戸籍法第10条第1項に規定された者、すなわち、戸籍に記載されている者又はその配偶者、直系尊属若しくは直系卑属のいわゆる「本人等」に限定している。

提案内容

　市町村の空家対策所管部局が管理不全空家の所有者を円滑に特定できるよう、空家等対策の推進に関する特別措置法第12条及び第14条等に基づく措置等を行うに当たり、公用請求においても、本籍地以外での戸籍証明書等の広域交付を可能とする。

対応方針

　市区町村が法令の定める事務を遂行するための情報提供の求め等に係る規定に基づいて行う戸籍証明書等の請求及び交付については、戸籍情報連携システムの運用開始後、戸籍証明書等に記載されている者の本籍地にかかわらず、当該事務を行う同一市区町村内で完結できることとする。
　→　戸籍法を一部改正し、戸籍証明書等の広域交付について、市区町村による公用請求（同一市区町村の長に対するもの）を可能とする。

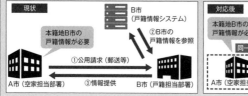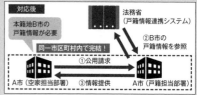

第3編

資　料

資料1　戸籍法の一部を改正する法律（令和元年法律第17号）新旧対照条文（抄）

戸籍法（昭和二十二年法律第二百二十四号）　　　　　　　（下線部分は改正部分）

改　正　後	改　正　前
目次	目次
第一章～第五章　（略）	第一章～第五章　（同左）
第六章　電子情報処理組織による戸籍事務の取扱いに関する特例等（第百十八条―第百二十一条の三）	第六章　電子情報処理組織による戸籍事務の取扱いに関する特例（第百十八条―第百二十条）
第七章　不服申立て（第百二十二条―第百二十五条）	第七章　不服申立て（第百二十一条―第百二十五条）
第八章　（略）	第八章　（同左）
第九章　罰則（第百三十二条―第百四十条）	第九章　罰則（第百三十二条―第百三十八条）
附則	附則
第一条　戸籍に関する事務は、この法律に別段の定めがあるものを除き、市町村長がこれを管掌する。	第一条　戸籍に関する事務は、市町村長がこれを管掌する。
②　前項の規定により市町村長が処理することとされている事務は、地方自治法（昭和二十二年法律第六十七号）第二条第九項第一号に規定する第一号法定受託事務とする。	②　前項の事務は、地方自治法（昭和二十二年法律第六十七号）第二条第九項第一号に規定する第一号法定受託事務とする。
第三条　（略）	第三条　（同左）
②　市役所又は町村役場の所在地を管轄する法務局又は地方法務局の長（以下「管轄法務局長等」という。）は、戸籍事務の処理に関し必要があると認めるときは、市町村長に対し、報告を求め、又は助言若しくは勧告をすることができる。この場合において、戸籍事務の処理の適正を確保するため特に必要があると認めるときは、指示をすることができる。	②　市役所又は町村役場の所在地を管轄する法務局又は地方法務局の長は、戸籍事務の処理に関し必要があると認めるときは、市町村長に対し、報告を求め、又は助言若しくは勧告をすることができる。この場合において、戸籍事務の処理の適正を確保するため特に必要があると認めるときは、指示をすることができる。
③　管轄法務局長等は、市町村長から戸籍事務の取扱いに関する照会を受けたときその他前項の規定による助言若しくは勧	（新設）

改　正　後	改　正　前
告又は指示をするために必要があると認めるときは、届出人、届出事件の本人その他の関係者に対し、質問をし、又は必要な書類の提出を求めることができる。 ④　（略）	③　（同左）
第二十四条　戸籍の記載が法律上許されないものであること又はその記載に錯誤若しくは遺漏があることを発見した場合には、市町村長は、遅滞なく届出人又は届出事件の本人にその旨を通知しなければならない。ただし、戸籍の記載、届書の記載その他の書類から市町村長において訂正の内容及び事由が明らかであると認めるときは、この限りでない。 ②　前項ただし書の場合においては、市町村長は、管轄法務局長等の許可を得て、戸籍の訂正をすることができる。	第二十四条　戸籍の記載が法律上許されないものであること又はその記載に錯誤若しくは遺漏があることを発見した場合には、市町村長は、遅滞なく届出人又は届出事件の本人にその旨を通知しなければならない。但し、その錯誤又は遺漏が市町村長の過誤によるものであるときは、この限りでない。 ②　前項の通知をすることができないとき、又は通知をしても戸籍訂正の申請をする者がないときは、市町村長は、管轄法務局又は地方法務局の長の許可を得て、戸籍の訂正をすることができる。前項ただし書の場合も、同様である。
③　前項の規定にかかわらず、戸籍の訂正の内容が軽微なものであつて、かつ、戸籍に記載されている者の身分関係についての記載に影響を及ぼさないものについては、同項の許可を要しない。 ④　（略）	（新設） ③　（同左）
第二十七条の三　市町村長は、次の各号のいずれかに該当すると認めるときは、届出人、届出事件の本人その他の関係者に対し、質問をし、又は必要な書類の提出を求めることができる。 一　届出の受理に際し、この法律の規定により届出人が明らかにすべき事項が明らかにされていないとき。 二　その他戸籍の記載のために必要があ	（新設）

改　正　後	改　正　前
<u>るとき。</u>	
第四十四条　（略） ②　（略） ③　<u>前二項の催告をすることができないとき、又は催告をしても届出がないときは、市町村長は、管轄法務局長等の許可を得て、戸籍の記載をすることができる。</u> ④　<u>第二十四条第四項</u>の規定は、裁判所その他の官庁、検察官又は吏員がその職務上届出を怠つた者があることを知つた場合にこれを準用する。	第四十四条　（同左） ②　（同左） （新設） ③　<u>第二十四条第二項の規定は、前二項の催告をすることができない場合及び催告をしても届出をしない場合に、同条第三項の規定は、裁判所その他の官庁、検察官又は吏員がその職務上届出を怠つた者があることを知つた場合にこれを準用する。</u>
第八十七条　<u>次の者</u>は、その順序に従つて、死亡の届出をしなければならない。<u>ただし、</u>順序にかかわらず届出をすることができる。 第一　同居の親族 第二　その他の同居者 第三　家主、地主又は家屋若しくは土地の管理人 ②　死亡の届出は、同居の親族以外の親族、後見人、保佐人、補助人、<u>任意後見人及び任意後見受任者</u>も、これをすることができる。	第八十七条　<u>左の者</u>は、その順序に従つて、死亡の届出をしなければならない。<u>但し、</u>順序にかかわらず届出をすることができる。 第一　同居の親族 第二　その他の同居者 第三　家主、地主又は家屋若しくは土地の管理人 ②　死亡の届出は、同居の親族以外の親族、後見人、保佐人、補助人<u>及び任意後見人</u>も、これをすることができる。
第百一条　分籍の届出は、分籍地でこれをすることができる。	第百一条　<u>前条第二項の場合には、</u>分籍の届出は、分籍地でこれをすることができる。
第百四条の三　市町村長は、戸籍事務の処理に際し、国籍法第十四条第一項の規定により国籍の選択をすべき者が同項に定める期限内にその選択をしていないと思	第百四条の三　市町村長は、戸籍事務の処理に際し、国籍法第十四条第一項の規定により国籍の選択をすべき者が同項に定める期限内にその選択をしていないと思

改　正　後	改　正　前
料するときは、その者の氏名、本籍その他法務省令で定める事項を<u>管轄法務局長等</u>に通知しなければならない。	料するときは、その者の氏名、本籍その他法務省令で定める事項を<u>管轄法務局又は地方法務局の長</u>に通知しなければならない。
第百十四条　届出によつて効力を生ずべき行為<u>（第六十条、第六十一条、第六十六条、第六十八条、第七十条から第七十二条まで、第七十四条及び第七十六条の規定によりする届出に係る行為を除く。）</u>について戸籍の記載をした後に、その行為が無効であることを発見したときは、届出人又は届出事件の本人は、家庭裁判所の許可を得て、戸籍の訂正を申請することができる。	第百十四条　届出によつて効力を生ずべき行為について戸籍の記載をした後に、その行為が無効であることを発見したときは、届出人又は届出事件の本人は、家庭裁判所の許可を得て、戸籍の訂正を申請することができる。
第六章　電子情報処理組織による戸籍事務の取扱いに関する<u>特例等</u>	第六章　電子情報処理組織による戸籍事務の取扱いに関する<u>特例</u>
第百十八条　法務大臣の指定する市町村長は、<u>法務省令で定めるところにより</u>戸籍事務を電子情報処理組織<u>（法務大臣の使用に係る電子計算機（磁気ディスク（これに準ずる方法により一定の事項を確実に記録することができる物を含む。以下同じ。）及び入出力装置を含む。以下同じ。）と市町村長の使用に係る電子計算機とを電気通信回線で接続した電子情報処理組織をいう。以下同じ。）によつて取り扱うものとする。ただし、電子情報処理組織によつて取り扱うことが相当でない戸籍又は除かれた戸籍として法務省令で定めるものに係る戸籍事務については、この限りでない。</u>	第百十八条　法務大臣の指定する市町村長は、<u>法務省令の定めるところにより</u>戸籍事務<u>の全部又は一部</u>を電子情報処理組織によつて取り扱う<u>ことができる。</u>
②　前項の<u>規定による</u>指定は、市町村長の申出に基づき、告示してしなければなら	②　前項の指定は、市町村長の申出に基づき、告示してしなければならない。

改　正　後	改　正　前
ない。	
第百十九条　前条第一項の場合においては、戸籍は、磁気ディスクに記録し、これをもつて調製する。	第百十九条　前条第一項の場合においては、戸籍は、磁気ディスク（これに準ずる方法により一定の事項を確実に記録することができる物を含む。以下同じ。）に記録し、これをもつて調製する。
②　（略）	②　（同左）
第百十九条の二　前条の規定により磁気ディスクをもつて調製された戸籍又は除かれた戸籍の副本は、第八条第二項の規定にかかわらず、法務大臣が保存する。	（新設）
第百二十条　第百十九条の規定により戸籍又は除かれた戸籍が磁気ディスクをもつて調製されているときは、第十条第一項又は第十条の二第一項から第五項まで（これらの規定を第十二条の二において準用する場合を含む。）の請求は、戸籍謄本等又は除籍謄本等に代えて、磁気ディスクをもつて調製された戸籍に記録されている事項の全部若しくは一部を証明した書面（以下「戸籍証明書」という。）又は磁気ディスクをもつて調製された除かれた戸籍に記録されている事項の全部若しくは一部を証明した書面（以下「除籍証明書」という。）についてすることができる。	第百二十条　前条の規定により戸籍又は除かれた戸籍が磁気ディスクをもつて調製されているときは、第十条第一項又は第十条の二第一項から第五項まで（これらの規定を第十二条の二において準用する場合を含む。）の請求は、戸籍謄本等又は除籍謄本等に代えて、磁気ディスクをもつて調製された戸籍又は除かれた戸籍に記録されている事項の全部又は一部を証明した書面についてすることができる。
②　戸籍証明書又は除籍証明書は、第百条第二項及び第百八条第二項の規定並びに旅券法（昭和二十六年法律第二百六十七号）その他の法令の規定の適用については、戸籍又は除かれた戸籍の謄本又は抄本とみなす。	②　前項の磁気ディスクをもつて調製された戸籍又は除かれた戸籍に記録されている事項の全部又は一部を証明した書面は、第百条第二項及び第百八条第二項の規定並びに旅券法（昭和二十六年法律第二百六十七号）その他の法令の規定の適用については、戸籍又は除かれた戸籍の謄本又は抄本とみなす。

改　正　後	改　正　前
第百二十条の二　第百十九条の規定により戸籍又は除かれた戸籍が磁気ディスクをもつて調製されているときは、第十条第一項（第十二条の二において準用する場合を含む。次項及び次条（第三項を除く。）において同じ。）の請求は、いずれの指定市町村長（第百十八条第一項の規定による指定を受けている市町村長をいう。以下同じ。）に対してもすることができる。	（新設）
②　前項の規定によりする第十条第一項の請求（本籍地の市町村長以外の指定市町村長に対してするものに限る。）については、同条第三項及び第十条の三第二項の規定は適用せず、同条第一項中「現に請求の任に当たつている者」とあり、及び「当該請求の任に当たつている者」とあるのは、「当該請求をする者」とする。	（新設）
第百二十条の三　前条第一項の規定によりする第十条第一項の請求は、戸籍電子証明書（第百十九条の規定により磁気ディスクをもつて調製された戸籍に記録された事項の全部又は一部を証明した電磁的記録（電子的方式、磁気的方式その他人の知覚によつては認識することができない方式で作られる記録であつて、電子計算機による情報処理の用に供されるものとして法務省令で定めるものをいう。以下同じ。）をいう。以下同じ。）又は除籍電子証明書（第百十九条の規定により磁気ディスクをもつて調製された除かれた戸籍に記録された事項の全部又は一部を証明した電磁的記録をいう。以下同じ。）についてもすることができる。	（新設）
②　前項の規定によりする第十条第一項の請求があつたときは、指定市町村長は、	（新設）

改　正　後	改　正　前
当該請求をした者に対し、戸籍電子証明書提供用識別符号（当該請求に係る戸籍電子証明書を識別することができるように付される符号であつて、法務省令で定めるものをいう。以下同じ。）又は除籍電子証明書提供用識別符号（当該請求に係る除籍電子証明書を識別することができるように付される符号であつて、法務省令で定めるものをいう。以下同じ。）を発行するものとする。	
③　指定市町村長は、行政機関等（情報通信技術を活用した行政の推進等に関する法律（平成十四年法律第百五十一号）第三条第二号に規定する行政機関等その他の法務省令で定める者をいう。）から、法務省令で定めるところにより、前項の規定により発行された戸籍電子証明書提供用識別符号又は除籍電子証明書提供用識別符号を示して戸籍電子証明書又は除籍電子証明書の提供を求められたときは、法務省令で定めるところにより、当該戸籍電子証明書提供用識別符号に対応する戸籍電子証明書又は当該除籍電子証明書提供用識別符号に対応する除籍電子証明書を提供するものとする。	（新設）
④　第一項の規定によりする第十条第一項の請求については、同項中「交付」とあるのは、「第百二十条の三第三項の規定により同項に規定する行政機関等に提供すること」とし、同項の請求（本籍地の市町村長以外の指定市町村長に対してするものに限る。）については、同条第三項及び第十条の三第二項の規定は適用せず、同条第一項中「現に請求の任に当たつている者」とあり、及び「当該請求の任に当たつている者」とあるのは、「当該請求をする者」とする。	（新設）

改　正　後	改　正　前
第百二十条の四　指定市町村長は、この法律の規定により提出すべきものとされている届書若しくは申請書又はその他の書類で戸籍の記載をするために必要なものとして法務省令で定めるもの（以下この項において「届書等」という。）を受理した場合には、法務省令で定めるところにより、当該届書等の画像情報（以下「届書等情報」という。）を作成し、これを電子情報処理組織を使用して、法務大臣に提供するものとする。	（新設）
②　前項の規定により届書等情報の提供を受けた法務大臣は、これを磁気ディスクに記録するものとする。	（新設）
第百二十条の五　二箇所以上の市役所又は町村役場で戸籍の記載をすべき場合において、届出又は申請を受理した市町村長が指定市町村長であり、かつ、当該届出又は申請により戸籍の記載をすべき市町村長（当該届出又は申請を受理した市町村長を除く。）のうち指定市町村長であるもの（以下この項において「戸籍記載指定市町村長」という。）があるときは、法務大臣は、戸籍記載指定市町村長に対し、前条第一項の提供を受けた旨を通知するものとする。	（新設）
②　前項の場合においては、第三十六条第一項及び第二項（これらの規定を第百十七条において準用する場合を含む。）の規定にかかわらず、提出すべき届書又は申請書の数は、戸籍の記載をすべき市町村長の数から当該市町村長のうち指定市町村長であるものの数を減じた数に一を加えた数とする。	（新設）
③　本籍地外で届出又は申請をする場合（二箇所以上の市役所又は町村役場で戸	（新設）

改　正　後	改　正　前
籍の記載をすべき場合を除く。）であつて、届出又は申請を受理した市町村長及び当該届出又は申請により戸籍の記載をすべき市町村長がいずれも指定市町村長であるときは、法務大臣は、当該戸籍の記載をすべき指定市町村長に対し、前条第一項の提供を受けた旨を通知するものとする。	
④　前項の場合においては、第三十六条第二項（第百十七条において準用する場合を含む。）の規定は、適用しない。	（新設）
第百二十条の六　利害関係人は、特別の事由がある場合に限り、届出若しくは申請を受理した指定市町村長又は当該届出若しくは申請によつて戸籍の記載をした指定市町村長に対し、当該届出又は申請に係る届書等情報の内容を法務省令で定める方法により表示したものの閲覧を請求し、又は届書等情報の内容について証明書を請求することができる。	（新設）
②　第十条第三項及び第十条の三の規定は、前項の場合に準用する。	（新設）
第百二十条の七　第百条第二項の規定は、第百十九条の規定により届出事件の本人の戸籍が磁気ディスクをもつて調製されている場合において、届出地及び分籍地の市町村長がいずれも指定市町村長であるときは、適用しない。	（新設）
第百二十条の八　第百八条第二項の規定は、第百十九条の規定により届出事件の本人の戸籍が磁気ディスクをもつて調製されている場合において、届出地及び転籍地の市町村長がいずれも指定市町村長であるときは、適用しない。	（新設）

改 正 後	改 正 前
<u>第百二十一条　法務大臣及び指定市町村長は、電子情報処理組織の構築及び維持管理並びに運用に係る事務に関する秘密について、その漏えいの防止その他の適切な管理のために、電子情報処理組織の安全性及び信頼性を確保することその他の必要な措置を講じなければならない。</u>	（新設）
<u>第百二十一条の二　電子情報処理組織の構築及び維持管理並びに運用に係る事務に従事する者又は従事していた者は、その業務に関して知り得た当該事務に関する秘密を漏らし、又は盗用してはならない。</u>	（新設）
<u>第百二十一条の三　法務大臣は、行政手続における特定の個人を識別するための番号の利用等に関する法律（平成二十五年法律第二十七号）第十九条第七号又は第八号の規定による提供の用に供する戸籍関係情報（同法第九条第三項に規定する戸籍関係情報をいう。）を作成するため、第百十九条の規定により磁気ディスクをもつて調製された戸籍又は除かれた戸籍の副本に記録されている情報を利用することができる。</u>	（新設）
第七章　（略）	第七章　（同左）
<u>第百二十二条</u>　（略）	<u>第百二十一条</u>　（同左）
（削る）	<u>第百二十二条　削除</u>
第百二十四条　第十条第一項又は第十条の二第一項から<u>第五項まで</u>（これらの規定を第十二条の二において準用する場合を含む。）、第四十八条第二項、<u>第百二十条第一項、第百二十条の二第一項、第百二</u>	第百二十四条　第十条第一項又は第十条の二第一項から<u>第五項までの請求</u>（これらの規定を第十二条の二において準用する場合を含む。）、<u>第四十八条第二項の規定による請求及び第百二十条第一項の請求</u>

改　正　後	改　正　前
十条の三第一項及び第百二十条の六第一項の規定によりする請求について市町村長が行う処分又はその不作為に不服がある者は、管轄法務局長等に審査請求をすることができる。	について市町村長が行う処分又はその不作為に不服がある者は、市役所又は町村役場の所在地を管轄する法務局又は地方法務局の長に審査請求をすることができる。
第百二十八条　戸籍及び除かれた戸籍の副本、第四十八条第二項に規定する書類並びに届書等情報については、行政機関の保有する情報の公開に関する法律（平成十一年法律第四十二号）の規定は、適用しない。	第百二十八条　戸籍及び除かれた戸籍の副本並びに第四十八条第二項に規定する書類については、行政機関の保有する情報の公開に関する法律（平成十一年法律第四十二号）の規定は、適用しない。
第百二十九条　戸籍及び除かれた戸籍の副本、第四十八条第二項に規定する書類並びに届書等情報に記録されている保有個人情報（行政機関の保有する個人情報の保護に関する法律（平成十五年法律第五十八号）第二条第五項に規定する保有個人情報をいう。）については、同法第四章の規定は、適用しない。	第百二十九条　戸籍及び除かれた戸籍の副本並びに第四十八条第二項に規定する書類に記録されている保有個人情報（行政機関の保有する個人情報の保護に関する法律（平成十五年法律第五十八号）第二条第五項に規定する保有個人情報をいう。）については、同法第四章の規定は、適用しない。
第百三十条　情報通信技術を活用した行政の推進等に関する法律第六条第一項の規定により同項に規定する電子情報処理組織を使用してする届出の届出地及び同項の規定により同項に規定する電子情報処理組織を使用してする申請の申請地については、第四章及び第五章の規定にかかわらず、法務省令で定めるところによる。 ②　（略） 　　　　第九章　（略）	第百三十条　情報通信技術を活用した行政の推進等に関する法律（平成十四年法律第百五十一号）第六条第一項の規定により同項に規定する電子情報処理組織を使用してする届出の届出地及び同項の規定により同項に規定する電子情報処理組織を使用してする申請の申請地については、第四章及び第五章の規定にかかわらず、法務省令で定めるところによる。 ②　（同左） 　　　　第九章　（同左）
第百三十二条　第百二十一条の二の規定に違反して秘密を漏らし、又は盗用した者	（新設）

改　正　後	改　正　前
は、二年以下の懲役又は百万円以下の罰金に処する。	
第百三十三条　戸籍に関する事務に従事する市町村の職員若しくは職員であつた者又は市町村長の委託（二以上の段階にわたる委託を含む。）を受けて行う戸籍に関する事務の処理に従事している者若しくは従事していた者が、その事務に関して知り得た事項を自己若しくは第三者の不正な利益を図る目的で提供し、又は盗用したときは、一年以下の懲役又は五十万円以下の罰金に処する。	（新設）
第百三十四条　（略）	第百三十二条　（同左）
第百三十五条　偽りその他不正の手段により、第十条第一項若しくは第十条の二第一項から第五項までの規定による戸籍謄本等の交付、第十二条の二の規定による除籍謄本等の交付若しくは第百二十条第一項の規定による戸籍証明書若しくは除籍証明書の交付を受けた者、第百二十条の三第二項の規定による戸籍電子証明書提供用識別符号若しくは除籍電子証明書提供用識別符号の発行を受けた者又は同条第三項の規定による戸籍電子証明書若しくは除籍電子証明書の提供を受けた者は、三十万円以下の罰金に処する。	第百三十三条　偽りその他不正の手段により、第十条若しくは第十条の二に規定する戸籍謄本等、第十二条の二に規定する除籍謄本等又は第百二十条第一項に規定する書面の交付を受けた者は、三十万円以下の罰金に処する。
第百三十六条　偽りその他不正の手段により、第四十八条第二項（第百十七条において準用する場合を含む。以下この条において同じ。）の規定による閲覧をし、若しくは同項の規定による証明書の交付を受けた者又は第百二十条の六第一項の規定による閲覧をし、若しくは同条の規	第百三十四条　偽りその他不正の手段により、第四十八条第二項（第百十七条において準用する場合を含む。）の規定による閲覧をし、又は同項の規定による証明書の交付を受けた者は、十万円以下の過料に処する。

改　正　後	改　正　前
定による証明書の交付を受けた者は、十万円以下の過料に処する。	
第百三十七条・第百三十八条　（略）	第百三十五条・第百三十六条　（同左）
第百三十九条　次の場合には、市町村長を十万円以下の過料に処する。 　一・二　（略） 　三　正当な理由がなくて、届書その他受理した書類の閲覧を拒んだとき、又は第百二十条の六第一項の規定による請求を拒んだとき。 　四　正当な理由がなくて、戸籍謄本等、除籍謄本等、第四十八条第一項若しくは第二項（これらの規定を第百十七条において準用する場合を含む。）の証明書、戸籍証明書若しくは除籍証明書を交付しないとき、戸籍電子証明書提供用識別符号若しくは除籍電子証明書提供用識別符号の発行をしないとき、又は戸籍電子証明書若しくは除籍電子証明書を提供しないとき。 　五　（略）	第百三十七条　次の場合には、市町村長を十万円以下の過料に処する。 　一・二　（同左） 　三　正当な理由がなくて届書その他受理した書類の閲覧を拒んだとき。 　四　正当な理由がなくて戸籍謄本等、除籍謄本等、第四十八条第一項若しくは第二項（これらの規定を第百十七条において準用する場合を含む。）の証明書又は第百二十条第一項の書面を交付しないとき。 　五　（同左）
第百四十条　（略）	第百三十八条　（同左）

資料 2　戸籍法の改正に関する要綱

（前注）以下，戸籍法（昭和22年法律第224号）を「法」，戸籍法施行規則（昭和22年司
　　　法省令第94号）を「規則」，行政手続における特定の個人を識別するための番号の利用等
　　　に関する法律（平成25年法律第27号）を「番号利用法」という。

第 1　法務大臣が番号利用法に基づき戸籍関係情報を提供すること等について
　1　戸籍の副本の保存
　　　磁気ディスクをもって調製された戸籍又は除かれた戸籍の副本は，法第8条第
　　2項の規定にかかわらず，法務大臣がこれを保存するものとする。

　2　戸籍関係情報の提供等
　(1)　戸籍関係情報の定義
　　　　戸籍関係情報とは，戸籍又は除かれた戸籍に記録されている者と他の者との
　　　親子関係の存否，婚姻関係の存否その他の身分関係の存否を識別するための情
　　　報，戸籍に記録されている者の身分関係の異動に関する情報その他の戸籍又は
　　　除かれた戸籍に記録されている者に関する情報であって番号利用法第19条第
　　　7号に規定する情報照会者又は同条第8号に規定する条例事務関係情報照会者
　　　（(3)において「情報照会者等」という。）に提供するために必要なものとして
　　　法務省令で定めるものをいうものとする。
　(2)　戸籍関係情報の作成
　　　　法務大臣は，番号利用法第19条第7号又は第8号の規定により特定個人情
　　　報（番号利用法第2条第8項に規定する特定個人情報をいう。）を提供するこ
　　　とを目的として，その保存に係る戸籍又は除かれた戸籍の副本（磁気ディスク
　　　をもって調製されたものに限る。第2及び第3において同じ。）に記録されて
　　　いる情報を利用して戸籍関係情報を作成するものとする。
　(3)　戸籍関係情報の提供
　　　　法務大臣は，番号利用法第19条第7号又は第8号の規定に基づき，情報照
　　　会者等に対し，戸籍関係情報を提供するものとする。
　(4)　戸籍関係情報の目的外利用の制限
　　　　法務大臣は，(2)又は(3)の規定による事務を取り扱う場合を除き，戸籍関係
　　　情報を自ら利用し，又は提供してはならないものとする。

(注1) 法務大臣は，戸籍関係情報の作成及び提供に当たり，情報提供用個人識別符号（行政手続における特定の個人を識別するための番号の利用等に関する法律施行令第20条第1項。いわゆる機関別符号。）を利用し，番号利用法第2条第5項に規定する個人番号（12桁のマイナンバー）は利用しないこととし，そのために必要な法制上の措置（法務大臣が情報提供用個人識別符号を取得する手続等）については，番号利用法等の関係法令において所要の整備を行う。

(注2) 戸籍関係情報の作成の前提として，現に各市町村で戸籍に記録されている文字を収集した上で，標準的な字形の文字に収れんする文字の同定作業を実施し，当該同定作業により整備された文字を戸籍統一文字として定め，その結果を公表するものとする。なお，文字の同定作業については，当該分野の専門家の知見を得るため，有識者で構成する会議体を設置し，文字の同定に疑義が生じた文字について，同定の可否を同会議体に諮問するものとする。

第2 戸籍事務内における情報の利用について

1 届書等情報の送信等

(1) 法第118条第1項の指定を受けた市町村長（以下第2及び第3において単に「市町村長」という。）は，届書，申請書その他の書類（戸籍の記録をするために必要なものに限る。）を受理した場合には，直ちに，当該書類に記載された情報（以下「届書等情報」という。）を法務大臣に通知するものとする。

(2) (1)の規定による通知は，法務省令で定めるところにより，市町村長の使用に係る電子計算機（入出力装置を含む。以下同じ。）から電気通信回線を通じて法務大臣の使用に係る電子計算機に送信することによって行うものとする。

(3) (1)の通知を受けた法務大臣は，法務省令で定めるところにより，当該通知に係る届書等情報を磁気ディスクに記録し，これを保存するものとする。

(4) 利害関係人は，特別の事由がある場合に限り，届書等情報に係る届出若しくは申請を受理した市町村長又は当該届出若しくは申請によって戸籍の記録をした市町村長に対し，当該届書等情報の内容を法務省令で定める方法により表示したものの閲覧を請求し，又は当該届書等情報の内容を証明した書面を請求することができるものとする。

(5) 法第10条第3項及び第10条の3の規定は，(4)の場合に準用するものとする。

(注) 届書の様式については，電子化の障害とならないよう，法務省令及び法務省民事局長通達において一定の見直しを行うものとする。

2　戸籍事務内における情報連携

　　法務大臣は，市町村長から戸籍事務の処理に関し求めがあったときは，法務省令で定めるところにより，当該市町村長に対し，その保存に係る戸籍若しくは除かれた戸籍の副本に記録されている情報又は届書等情報（以下「副本記録等情報」という。）を提供するものとする。

3　戸籍の謄本の添付省略等

（1）届書の数通提出の不要化

　　法第３６条第１項の場合において,届出地及び戸籍の記載をすべき地の市町村長がいずれも法第１１８条第１項の指定を受けているときは,届書を数通提出する必要はないものとし，法第３６条第２項の場合も同様とする。

（2）分籍届における戸籍の謄本の添付省略

　　届出地,届出事件の本人の本籍地及び分籍地の市町村長がいずれも法第１１８条第１項の指定を受けているときは,戸籍の謄本を添付する必要はないものとする。

（3）転籍届における戸籍の謄本の添付省略

　　届出地,届出事件の本人の本籍地及び転籍地の市町村長がいずれも法第１１８条第１項の指定を受けているときは,戸籍の謄本を添付する必要はないものとする。

4　戸籍証明書の広域交付

（1）戸籍又は除かれた戸籍に記録されている者（これらの戸籍から除かれた者（その者に係る全部の記録が市町村長の過誤によってされたものであって，当該記録が法第２４条第２項の規定によって訂正された場合におけるその者を除く。）を含む。）又はその配偶者，直系尊属若しくは直系卑属（後記５（1）において「本人等」という。）は，本籍地の市町村長以外の市町村長に対し，それらの戸籍に係る戸籍証明書又は除籍証明書の交付の請求をすることができるものとし（注１），この場合において，当該請求をする者は，市町村長に対し，法務省令で定める書類（注２）を提示する方法により，当該請求をする者を特定するために必要な氏名その他の法務省令で定める事項を明らかにしなければならないものとする。

（2）（1）の請求を受けた市町村長は，その請求が不当な目的によることが明らかなときは，これを拒むことができるものとする。

（3）戸籍証明書又は除籍証明書の交付の方法その他（1）及び（2）の規定の実施に関

し必要な事項は，法務省令で定めるものとする（注3）。

（注1）戸籍証明書とは，磁気ディスクをもって調製された戸籍に記録されている事項の全部又は一部を証明した書面をいうものであり，除籍証明書とは，除かれた戸籍に記録されている事項の全部又は一部を証明した書面をいうものである。

（注2）マイナンバーカード等の写真付き身分証明書等に限定する予定である。

（注3）法務省令において，（1）の請求を受けた市町村長による戸籍証明書等の発行につき，正本と異なる情報に基づく戸籍証明書等の発行を防止するための措置を講ずるほか，本籍地の戸籍の情報を証明するものであることが分かるような認証文を記載する等の措置を講ずるものとする。

5　電子的な戸籍証明情報（戸籍電子証明情報）の発行

(1)　本人等による戸籍証明書又は除籍証明書の交付の請求は，戸籍証明書又は除籍証明書の交付に代えて，戸籍電子証明情報（戸籍証明書に係る電磁的記録をいう。）又は除籍電子証明情報（除籍証明書に係る電磁的記録をいう。）の発行についてすることができるものとする（注1）。

(2)　前記4(1)後段及び同(2)の規定は，(1)の場合に準用するものとする。

(3)　戸籍電子証明情報又は除籍電子証明情報の発行の方法（注2）その他(1)及び(2)の規定の実施に関し必要な事項は，法務省令で定めるものとする。

（注1）戸籍電子証明情報等は，前記4の広域交付に係る戸籍証明書又は除籍証明書についても発行することができるものとする。

（注2）戸籍電子証明情報等の交付に当たっては，マイナンバー制度におけるマイナポータルの仕組みを活用し，オンラインにより交付請求を行うことも可能とすることを想定している。

第3　法務大臣が保存する戸籍関係情報等の保護措置について

1　法務大臣が行う情報提供事務に関する秘密等の適切な管理

(1)　法務大臣は，戸籍関係情報の作成又は副本記録等情報の提供に関する事務に関する秘密について，その漏えいの防止その他のこれらの情報の適切な管理のために，当該事務に使用する電子計算機の安全性及び信頼性を確保することその他の必要な措置を講じなければならないものとする。

(2)　市町村長は，副本記録等情報の提供の求めに関する事務に関する秘密について，その漏えいの防止その他の当該副本記録等情報の適切な管理のために，当

該事務に使用する電子計算機の安全性及び信頼性を確保することその他の必要
な措置を講じなければならないものとする。

2　法務大臣から提供を受けた副本記録等情報の安全確保

　前記第２，２の規定により法務大臣から副本記録等情報の提供を受けた市町村長
が当該副本記録等情報の電子計算機処理等（注１）を行うに当たっては，当該市町
村長は，受領した当該副本記録等情報の漏えい，滅失及び毀損の防止その他の受領
した当該副本記録等情報の適切な管理のために必要な措置を講じなければならな
いものとする（注２）。

（注１）「電子計算機処理等」とは，電子計算機を使用して行われる情報の入力，蓄積，編集，
　　　　加工，修正，更新，検索，消去，出力若しくはこれらに類する処理又は情報の入力のため
　　　　の準備作業若しくは磁気ディスクの保管をいう（住民基本台帳法（昭和４２年法律第８１
　　　　号）第３０条の２１，第３０条の２４第１項参照。）。
（注２）市町村長から委託を受けて副本記録等情報の電子計算機処理等を行う者についても，
　　　　同様の規律を設けるものとする。

3　法務大臣から提供を受けた副本記録等情報の利用及び提供の制限

　前記２の市町村長は，戸籍事務の処理に必要な範囲内で，前記第２，２の規定に
より法務大臣から提供を受けた副本記録等情報を利用し，又は提供するものとし，
戸籍事務の処理以外の目的のためにこれらの情報の全部若しくは一部を利用し，又
は提供してはならないものとする。

4　戸籍関係情報又は戸籍個人情報に関する秘密等の保持義務

（1）法務省の職員又は職員であった者の秘密保持義務

　　戸籍関係情報又は戸籍個人情報（副本記録等情報であって，当該情報に含ま
　れる氏名，生年月日その他の記述等により特定の個人を識別することができる
　ものをいう。）の電子計算機処理等に関する事務に従事する法務省の職員又は
　職員であった者は，その事務に関して知り得た戸籍関係情報若しくは戸籍個人
　情報に関する秘密又は戸籍関係情報若しくは戸籍個人情報の電子計算機処理等
　に関する秘密を漏らしてはならないものとする。

（2）法務大臣から委託を受けた者等の秘密保持義務

　　法務大臣から戸籍関係情報又は戸籍個人情報の電子計算機処理等の委託（二
　以上の段階にわたる委託を含む。）を受けた者若しくはその役員若しくは職員

又はこれらの者であった者は，その委託された業務に関して知り得た戸籍関係情報若しくは戸籍個人情報に関する秘密又は戸籍関係情報若しくは戸籍個人情報の電子計算機処理等に関する秘密を漏らしてはならないものとする。

(3) 市町村の職員又は職員であった者の秘密保持義務

　　戸籍個人情報の電子計算機処理等に関する事務に従事する市町村の職員又は職員であった者は，その事務に関して知り得た戸籍個人情報に関する秘密又は戸籍個人情報の電子計算機処理等に関する秘密を漏らしてはならないものとする。

(4) 市町村長から委託を受けた者等の秘密保持義務

　　前記2の市町村長から戸籍個人情報の電子計算機処理等の委託（二以上の段階にわたる委託を含む。）を受けた者若しくはその役員若しくは職員又はこれらの者であった者は，その委託された業務に関して知り得た戸籍個人情報に関する秘密又は戸籍個人情報の電子計算機処理等に関する秘密を漏らしてはならないものとする。

(5) 罰則

　　(1)から(4)までの規定に違反して秘密を漏らした者に対する罰則を設けるものとする。

第4　市町村長及び管轄法務局長等の調査権について

　1　市町村長の調査権について

　　　市町村長は，届出の受理に際し戸籍法の規定により届出人が明らかにすべき事項が明らかにされていないときその他戸籍の記載のために必要があると認めるときは，届出人，届出事件の本人その他の関係者に対し，質問をし，又は必要な書類の提出を求めることができるものとする。

　2　管轄法務局長等の調査権について

　　　管轄法務局長等は，市町村から戸籍事務の取扱いに関する照会を受けたときその他法第3条第2項の規定により助言若しくは勧告をし，又は指示をするために必要がある場合においては，届出人，届出事件の本人その他の関係者に対し，質問をし，又は必要な書類の提出を求めることができるものとする。

第5　戸籍訂正について

　1　家庭裁判所の許可を得て行う戸籍訂正手続

　　　法第114条において訂正許可審判の対象とされている「届出によつて効力を生ずべき行為」から，法第60条［認知］，第61条［胎児認知］，第66条［養

　子縁組］，第68条［代諾養子縁組］，第70条［離縁］，第71条［代諾離縁］，
　第72条［死後離縁］，第74条［婚姻］及び第76条［離婚］の各届出に係る
　行為が除外されることを明示するものとする。
2　市町村長の職権による戸籍訂正手続
　(1)　戸籍の記載が法律上許されないものであること又はその記載に錯誤若しくは
　　遺漏があることを発見した場合には，市町村長は，遅滞なく届出人又は届出事
　　件の本人にその旨を通知しなければならない旨の法第24条第1項本文の規律
　　は維持するものとし，ただし，戸籍の記載，届書の記載その他の書類から訂正
　　の趣旨及び事由が明らかであるときは，この限りでないものとする。
　(2)　法第24条第2項を，(1)ただし書の場合においては，市町村長は，管轄法務
　　局長等の許可を得て，戸籍の訂正をすることができるものとすると改める。
　(3)　(2)にかかわらず，戸籍の訂正の内容が軽微なものであって，かつ，戸籍に記
　　載されている者の身分関係についての記載に影響を及ぼさないものについて
　　は，(2)の許可を要しないものとする。

　(注)　市町村長が職権により戸籍の訂正をするときは，その訂正により訂正すべき記録のあ
　　　る者がその旨を知ることができるよう，法務省令において所要の整備を行うこととする。

第6　死亡届の届出資格者の拡大について
　　　死亡の届出は，同居の親族以外の親族，後見人，保佐人，補助人，任意後見人
　のほか，任意後見受任者も，これをすることができるものとする。

第7　その他所要の整備
　　　形式的な字句の修正等を行う。

資料3　戸籍法の改正に関する中間試案

（試案前注）

　本試案については，戸籍事務へのマイナンバー制度導入に関し，戸籍法（昭和22年法律第224号。以下「法」という。）等の見直しが必要な部分について，戸籍法部会としての現時点での検討結果を示すものである。

　なお，戸籍事務へのマイナンバー制度導入に当たっては，基本的に各市区町村の戸籍情報システムが独立しており，市区町村間のネットワーク化はされていないこと，他方，東日本大震災後に法務省において構築した戸籍副本データ管理システムにおいて，電算化された戸籍の副本を管理していることを踏まえ，後記第2のとおり，国において戸籍副本データ管理システムの仕組みを利用して，戸籍情報連携システム（仮称）を構築し，戸籍内の各人について戸籍により得られる情報によって作成される個人単位の情報（戸籍の記載事項のほか，親族関係を明らかにするもの。以下「連携情報」という。）を整備するものとしている。

　マイナンバーを活用した他の行政事務との連携については，連携情報のうち，個人を特定する基本4情報（氏名，生年月日，性別，住所）を含まない情報であって他の行政事務に対する情報提供に必要なものを中間サーバーに格納し，総務大臣が管理する情報提供ネットワークシステムを用いて，情報提供を行うことを想定している。具体的に，連携情報を活用して戸籍証明書の省略が可能となる行政事務としては，現在，児童扶養手当事務，年金事務及び旅券事務を所管する各省と協議中である。また，情報提供ネットワークシステムでは，個人を特定する基本4情報をやりとりしないことを踏まえ，連携情報のうち，親族関係を明らかにする情報については，親族関係記号（親子関係や夫婦関係を示す記号であって，当該親子間・当該夫婦間でそれぞれ同一の記号）を付し，これらの記号が一致することにより，親子・夫婦であることを確認することとしている。このように，情報提供ネットワークシステムを用いて戸籍情報を提供する情報連携については，以下，本試案において，「ネットワーク連携」という。

　他方，戸籍事務内においては，戸籍事務内の番号で連携情報を管理し，戸籍事務担当職員が戸籍情報連携システム（仮称）内の連携情報を参照するなどして事務を行うことを想定している（後記第4，第5）。この戸籍事務内における情報連携については，以下，本試案において，「戸籍事務内連携」という。

　戸籍事務内連携についても，ネットワーク連携を行うための戸籍情報連携システム（仮称）を整備することによって可能となるものであって，これらの連携を可能とするための仕組みを導入することを総称して，「戸籍事務へのマイナンバー制度導入」という。

　戸籍事務へのマイナンバー制度導入によって，ネットワーク連携においては，連携先の事務では戸籍の証明書の添付が省略できることとなり，国民の利便性が向上するとともに，行政事務も効率化するものといえる。また，戸籍事務内連携においては，届出の際の戸籍の証明書の添付が不要となるだけでなく，市区町村間において電話で戸籍情報を確認したり，公用請求で取得している戸籍の証明書が不要とな

るなど，国民の利便性が向上するとともに，戸籍事務の効率化につながるものといえる。

　なお，ネットワーク連携の前提として，どのように戸籍情報とマイナンバーとの紐付けを行うかについては，現在，①本籍地市区町村の求めに応じ，住所地市区町村が本籍地市区町村に対し住民票コードを提供し，②本籍地の市区町村で管理している戸籍の附票に住民票コードを記載した上で，③法務省の求めに応じ，戸籍情報連携システム（仮称）に当該住民票コードを送信することとし，さらに，④法務省が当該住民票コードを用いてマイナンバー制度における情報連携に用いる機関別符号を受信して戸籍情報と結合させる案を基本として，関係府省間で協議がなされている。

戸籍事務に関する制度の見直しについて

第1　電算化を原則とする規定振りへの変更について
　　　紙の戸籍を原則とした規定振りとなっている現行戸籍法について，電算化戸籍を原則とする規定振りとする。全ての市区町村の電算化が完了した場合であっても，改製不適合戸籍（後記第3，2（注2）参照）に係る処理等が残ることが考えられることから，現行の紙戸籍による処理の規定も例外として残すものとする。

第2　法務大臣が連携情報を管理することの根拠規定等の整備について
　　　国（法務大臣）において，戸籍情報連携システム（仮称）を構築するものとする。
　　　法務大臣は，戸籍副本の情報を利用して親族的身分関係情報（連携情報）を調製し，これを管理するものとする。
　　（注）市区町村長を戸籍事務管掌者とする現行の法第1条の規定は維持するものとする。また，戸籍事務へのマイナンバー制度導入のために，国において連携情報を整備・管理するに至った後も，災害等に備えて戸籍のバックアップ情報を保管する必要があることから，副本は国が保管するものとする。

第3　文字の取扱いについて
　1　連携情報で使用する文字
　　　現に各市区町村で戸籍に記録されている文字を収集した上で，同じ文字と異なる文字とを峻別する文字の同定作業を実施し，連携情報に使用する文字として，同定作業により整備された文字（以下「戸籍統一文字」という。）を定めるものとする。
　　　なお，文字の同定作業については，当該分野の専門家の知見を得るため，有識者で構成する会議体を設置し，文字の同定に疑義が生じた文字について，同定の可否を同会議体に諮問するものとする。
　2　戸籍正本で使用する文字
　　　市区町村において戸籍統一文字と紐付けできない新たな文字が登録されることを防ぐため，戸籍統一文字及びその文字コードを公表するとともに，戸籍統一文字に紐付けることができる文字の同定基準を確定・公表するものとする。
　　（注1）今後，新たに戸籍の正本に用いる文字については，字形（デザイン）について特段の制限を設けないが，この同定基準に従って戸籍統一文字と紐付けられた文字を記録するものとする。
　　（注2）改製不適合戸籍（戸籍の氏又は名の文字が誤字で記載されているため，コンピュータによる取扱いに適合しない戸籍）については，当該戸籍に記載されている者に対し，対応する正字により記載する旨の告知を改めて行

うことにより，戸籍に正字で記載されることを促すものとする。

　　なお，戸籍に記載されている文字に対する愛着が強い国民に配慮して改製不適合戸籍とした経緯を踏まえ，引き続き対応する正字で戸籍に記載されることを希望しない者に係る戸籍については，以後も改製不適合戸籍として取り扱うこととする。

第4　市区町村における連携情報の参照について
　1　届出の受理の審査のための連携情報の参照
　　　市区町村の戸籍事務従事職員は，届出の受理の審査に当たって戸籍情報を確認する必要がある場合には，国が構築する戸籍情報連携システム（仮称）の情報（市区町村が保有する情報と同一の情報）を参照することができるものとする。
　　（注）原則として，届出人は戸籍の謄本若しくは抄本又は戸籍に記載した事項に関する証明書（以下「戸籍謄本等」という。）を届出の際に添付しなくてもよいものとする。
　2　連携情報の参照範囲
　　　届出の受理の審査のために確認する戸籍の情報については，審査のため必要な範囲内であれば，特段制限を設けないものとする。
　3　不正な情報参照等を防止する方策について
　　　不正な情報参照等を防止するために十分な方策を講ずるものとする。具体的には，個人の戸籍情報の適切な管理のために必要な措置を講じなければならないとする規定を設けるとともに，漏えい防止義務を設けた上で，違反があった場合には，罰則規定の適用の対象とする等の規定を設けるものとする。
　　（注）不正に参照することを防止するための方策としては，例えば，不正参照の可能性がある場合にコンピュータ処理画面に警告メッセージを表示する，管轄法務局若しくは地方法務局又はその支局（以下「管轄法務局等」という。）に通知する，誰がいつどのような戸籍情報を参照したか証跡ログを残し，管轄法務局等による監査を実施することが考えられる。
　　　　また，不正処理が行われる可能性がある一定の場合には，情報参照に当たっては上司等の承認を得ることとするなど，当該事務処理担当者以外の関与を必須とする仕組みを設けることも考えられる。

第5　管轄法務局等における連携情報の参照について
　1　市区町村が行う戸籍事務への指導等の事務に必要な連携情報の参照
　　　法務局の戸籍事務従事職員は，市区町村が行う戸籍事務への指導，戸籍訂正の許可等の事務に当たって戸籍情報を確認する必要がある場合には，国が構築する戸籍情報連携システム（仮称）の情報を参照することができるものとする。
　2　連携情報の参照範囲
　　　市区町村が行う戸籍事務への指導等のために確認する戸籍情報については，

指導等のために必要な範囲内であれば，特段制限を設けないものとする。
3　不正な情報参照等を防止する方策について
　不正な情報参照等を防止するために十分な方策を講ずるものとする。具体的には，個人の戸籍情報の適切な管理のために必要な措置を講じなければならないとする規定を設けるとともに，漏えい防止義務を設けた上で，違反があった場合には，罰則規定の適用の対象とする等の規定を設けるものとする。
　（注）不正に参照することを防止するための方策としては，例えば，不正参照の可能性がある場合にコンピュータ処理画面に警告メッセージを表示する，上級庁に通知する，誰がいつどのような戸籍情報を参照したか証跡ログを残し，上級庁による監査を実施することが考えられる。
　　また，不正処理が行われる可能性がある一定の場合には，情報参照に当たっては上司等の承認を得ることとするなど，当該事務処理担当者以外の関与を必須とする仕組みを設けることも考えられる。

第6　届書類の電子化，保存について
1　届書類の電子化
　届書類（届書，申請書その他の書類）を受理した市区町村において，内容を確認した上で電子化し，国が構築する戸籍情報連携システム（仮称）に送信するものとする。この場合の届書類の参照ができる者は，届出事件本人等の本籍地の市区町村の職員及び届出を受理した市区町村の職員に限ることとする。
　（注）戸籍の記載を要しない届書（外国人のみを届出事件の本人とする届書等）については，現行制度において，他の行政機関への送付の対象となっていないこと等から，当面，現行の取扱いを維持することとする。
2　届書の加工制限
　届書については，事務の障害とならないよう，届書様式についても一定の見直しを行う。

第7　市区町村及び法務局の調査権について
1　市区町村の調査権について
　届出又は申請の処理に当たり必要があると認める場合に，市区町村長が届出人その他の関係者に対して質問又は文書提出の要求をすることができる旨の規定を設けるものとする。
2　法務局の調査権について
　市区町村から受理照会を受けた場合その他法第3条第2項の指示等を行うに当たり必要があると認める場合に，管轄法務局等の長が届出人その他の関係者に対して質問又は文書提出の要求をすることができる旨の規定を設けるものとする。
　（注）市区町村及び法務局の調査権は，現在行うことのできる任意調査の範囲に限定されるものとする。縁組意思を始めとする届出人の身分行為意思に

係る民法上の実質的要件の調査については，濫用事例に当る疑いがある場
合に限り調査権が発動されるべきことに関して法又は下位規定に何らか
の定めを置くことの可否について引き続き検討を行う。

第8　戸籍訂正について
　　1　法第113条及び第114条の戸籍訂正許可手続については，人事訴訟によ
　　　って戸籍の訂正をすべき事項は対象としないものとする。
　　2　戸籍の記載又は届書類その他の書類から，訂正事由があることが明らかであ
　　　ると認められる場合には，市区町村長は，管轄法務局等の長の許可を得て，職
　　　権による戸籍訂正手続を行うことができるものとする。職権による戸籍訂正が
　　　できない場合又は職権による戸籍訂正をした事項につき更に訂正を要する場
　　　合には，法第113条及び第114条の戸籍訂正許可手続又は確定判決による
　　　戸籍訂正手続（法第116条）によりこれを行うものとする。職権による戸籍
　　　訂正手続（後記3の市区町村長限りの職権訂正を行う場合を除く。）を〔行う
　　　場合にはあらかじめ〕〔行った場合には〕，訂正事由のある戸籍の名欄に記載
　　　されている者に対して通知をするものとする。
　　3　市区町村長限りの職権訂正ができる場合があることについて，明文で規定す
　　　るものとする。その範囲については，訂正事由があることが当該市区町村長に
　　　おいて戸籍の記載又は届書類その他の書類から明らかに認めることができる
　　　場合であることに加えて，訂正事項が軽微で，かつ，戸籍訂正を行っても身分
　　　関係に影響を及ぼさないことを要するものとする。

第9　死亡届出の届出資格者の拡大について
　　　任意後見受任者（家庭裁判所による任意後見監督人が選任される前における
　　　任意後見契約の受任者をいう。）について，死亡届の届出資格を付与するもの
　　　とする。任意後見受任者が死亡届を届け出る時には，任意後見契約の登記事項
　　　証明書等を添付させることとする。

　行政手続における特定の個人を識別するための番号の利用等に関する法
律等の一部を改正する法律（令和5年法律第48号）新旧対照条文（抄）

一　戸籍法（昭和二十二年法律第二百二十四号）（抄）（第七条関係）

【公布の日から起算して2年を超えない範囲内に政令で定める日施行】

（下線部分は改正部分）

改　正　後	改　正　前
目次	目次
第一章～第三章　（略）	第一章～第三章　（同左）
第四章　届出	第四章　届出
第一節～第十四節　（略）	第一節～第十四節　（同左）
第十五節　氏名の変更（第百七条・第百七条の二）	第十五節　氏名の変更（第百七条・第百七条の二）
第十五節の二　氏名の振り仮名の変更（第百七条の三・第百七条の四）	（新設）
第十六節　（略）	第十六節　（同左）
第五章～第九章　（略）	第五章～第九章　（同左）
附則	附則
第十三条　戸籍には、本籍のほか、戸籍内の各人について、次に掲げる事項を記載しなければならない。	第十三条　戸籍には、本籍の外、戸籍内の各人について、左の事項を記載しなければならない。
一　（略）	一　（同左）
二　氏名の振り仮名（氏に用いられる文字の読み方を示す文字（以下「氏の振り仮名」という。）及び名に用いられる文字の読み方を示す文字（以下「名の振り仮名」という。）をいう。以下同じ。）	（新設）
三～九　（略）	二～八　（同左）
②　前項第二号の読み方は、氏名として用いられる文字の読み方として一般に認められているものでなければならない。	（新設）
③　氏名の振り仮名に用いることができる仮名及び記号の範囲は、法務省令で定める。	（新設）

改　正　後	改　正　前
第二十九条　届書には、次に掲げる事項を記載し、届出人が、これに署名しなければならない。 一〜三　（略） 四　届出事件の本人の氏名及び氏名の振り仮名 五　届出人と届出事件の本人とが異なるときは、届出事件の本人の出生の年月日、住所及び戸籍の表示並びに届出人の資格	第二十九条　届書には、次の事項を記載し、届出人が、これに署名しなければならない。 一〜三　（同左） （新設） 四　届出人と届出事件の本人と異なるときは、届出事件の本人の氏名、出生の年月日、住所、戸籍の表示及び届出人の資格
第五十七条　（略） ②　前項の申出があつたときは、市町村長は、氏名及び氏名の振り仮名を付け、本籍を定め、かつ、附属品、発見の場所、年月日時その他の状況並びに氏名、氏名の振り仮名、男女の別、出生の推定年月日及び本籍を調書に記載しなければならない。その調書は、これを届書とみなす。	第五十七条　（同左） ②　前項の申出があつたときは、市町村長は、氏名をつけ、本籍を定め、且つ、附属品、発見の場所、年月日時その他の状況並びに氏名、男女の別、出生の推定年月日及び本籍を調書に記載しなければならない。その調書は、これを届書とみなす。
第百七条　やむを得ない事由によつて氏を変更しようとするときは、戸籍の筆頭に記載した者及びその配偶者は、氏及び氏の振り仮名を変更することについて家庭裁判所の許可を得て、その許可を得た氏及び氏の振り仮名を届け出なければならない。 ②　外国人と婚姻をした者がその氏を配偶者の称している氏に変更しようとするときは、その者は、その婚姻の日から六箇月以内に限り、家庭裁判所の許可を得ないで、その旨及び変更しようとする氏の振り仮名を届け出ることができる。 ③・④　（略）	第百七条　やむを得ない事由によつて氏を変更しようとするときは、戸籍の筆頭に記載した者及びその配偶者は、家庭裁判所の許可を得て、その旨を届け出なければならない。 ②　外国人と婚姻をした者がその氏を配偶者の称している氏に変更しようとするときは、その者は、その婚姻の日から六箇月以内に限り、家庭裁判所の許可を得ないで、その旨を届け出ることができる。 ③・④　（同左）
第百七条の二　正当な事由によつて名を変更しようとする者は、名及び名の振り仮	第百七条の二　正当な事由によつて名を変更しようとする者は、家庭裁判所の許可

改　正　後	改　正　前
名を変更することについて家庭裁判所の許可を得て、その許可を得た名及び名の振り仮名を届け出なければならない。	を得て、その旨を届け出なければならない。
第十五節の二　氏名の振り仮名の変更	（新設）
第百七条の三　やむを得ない事由によつて氏の振り仮名を変更しようとするときは、戸籍の筆頭に記載した者及びその配偶者は、家庭裁判所の許可を得て、その旨を届け出なければならない。	（新設）
第百七条の四　正当な事由によつて名の振り仮名を変更しようとする者は、家庭裁判所の許可を得て、その旨を届け出なければならない。	（新設）
第百十条　（略） ②　届書には、第十三条第一項に掲げる事項のほか、就籍許可の年月日を記載しなければならない。	第百十条　（同左） ②　届書には、第十三条に掲げる事項の外、就籍許可の年月日を記載しなければならない。

二　家事事件手続法（平成二十三年法律第五十二号）（抄）（附則第二十八条関係）
【公布の日から起算して２年を超えない範囲内に政令で定める日施行】

（下線部分は改正部分）

改　正　後	改　正　前
（管轄） 第二百二十六条　次の各号に掲げる審判事件は、当該各号に定める地を管轄する家庭裁判所の管轄に属する。 　一　氏若しくは名の変更又は氏の振り仮名若しくは名の振り仮名の変更についての許可の審判事件（別表第一の百二十二の項の事項についての審判事件をいう。）　申立人の住所地 　二〜四　（略）	（管轄） 第二百二十六条　次の各号に掲げる審判事件は、当該各号に定める地を管轄する家庭裁判所の管轄に属する。 　一　氏又は名の変更についての許可の審判事件（別表第一の百二十二の項の事項についての審判事件をいう。）　申立人の住所地 　二〜四　（同左）
（陳述及び意見の聴取） 第二百二十九条　家庭裁判所は、氏又は氏の振り仮名の変更についての許可の審判をする場合には、申立人と同一戸籍内にある者（十五歳以上のものに限る。）の陳述を聴かなければならない。 ２　（略）	（陳述及び意見の聴取） 第二百二十九条　家庭裁判所は、氏の変更についての許可の審判をする場合には、申立人と同一戸籍内にある者（十五歳以上のものに限る。）の陳述を聴かなければならない。 ２　（同左）
（即時抗告） 第二百三十一条　次の各号に掲げる審判に対しては、当該各号に定める者は、即時抗告をすることができる。 　一　氏又は氏の振り仮名の変更についての許可の審判　利害関係人（申立人を除く。） 　二　氏若しくは名の変更又は氏の振り仮名若しくは名の振り仮名の変更についての許可の申立てを却下する審判　申立人 　三〜七　（略）	（即時抗告） 第二百三十一条　次の各号に掲げる審判に対しては、当該各号に定める者は、即時抗告をすることができる。 　一　氏の変更についての許可の審判　利害関係人（申立人を除く。） 　二　氏又は名の変更についての許可の申立てを却下する審判　申立人 　三〜七　（同左）
別表第一（第三条の二―第三条の十一、第三十九条、第百十六条―第百十八条、第	別表第一（第三条の二―第三条の十一、第三十九条、第百十六条―第百十八条、第

改　正　後	改　正　前
百二十八条、第百二十九条、第百三十六条、第百三十七条、第百四十八条、第百五十条、第百六十条、第百六十八条、第百七十六条、第百七十七条、第百八十二条、第二百一条―第二百三条、第二百九条、第二百十六条、第二百十七条、第二百二十五条―第二百二十七条、第二百三十二条、第二百三十四条、第二百四十条―第二百四十四条関係）	百二十八条、第百二十九条、第百三十六条、第百三十七条、第百四十八条、第百五十条、第百六十条、第百六十八条、第百七十六条、第百七十七条、第百八十二条、第二百一条―第二百三条、第二百九条、第二百十六条、第二百十七条、第二百二十五条―第二百二十七条、第二百三十二条、第二百三十四条、第二百四十条―第二百四十四条関係）

項	事項	根拠となる法律の規定	項	事項	根拠となる法律の規定
（略）	（略）	（略）	（同左）	（同左）	（同左）
戸籍法			戸籍法		
百二十二	氏若しくは名の変更又は氏の振り仮名若しくは名の振り仮名の変更についての許可	戸籍法第百七条第一項（同条第四項において準用する場合を含む。）及び第百七条の二から第百七条の四まで	百二十二	氏又は名の変更についての許可	戸籍法第百七条第一項（同条第四項において準用する場合を含む。）及び第百七条の二
（略）	（略）	（略）	（同左）	（同左）	（同左）

資料5　戸籍法等の改正に関する要綱

第1　氏名の仮名表記の戸籍の記載事項化に関する事項
　1　戸籍の記載事項への追加
　　　戸籍法第13条に規定する戸籍の記載事項として「氏名を片仮名等で表記したもの（以下「仮名表記」という。）」を追加するものとする。
　　（注）氏名の仮名表記に用いるのは、現代仮名遣い（昭和61年内閣告示第1号）本文第1に定められた直音、拗音、撥音、促音を片仮名に変換したもののほか、片仮名表記の小書き及び長音記号等とする。

　2　氏名の仮名表記の許容性及び氏名との関連性
　　　氏名の仮名表記の許容性及び氏名との関連性に関する審査について、戸籍法に「氏名として用いられる文字の読み方として一般に認められているものでなければならない」という趣旨の規定を設けるものとする。
　　（注）市町村長の行う本文第1の2の審査においては、幅広い名乗り訓等を許容してきた我が国の命名文化を踏まえた運用とする。

第2　氏名の仮名表記の収集に関する事項
　1　氏又は名が初めて戸籍に記載される者に係る収集等について
　⑴　戸籍の届書の記載事項（戸籍法第29条）に届出事件の本人の「氏名の仮名表記」を追加するとともに、棄児発見調書（戸籍法第57条第2項）の記載事項に「氏名の仮名表記」を追加し、氏又は名が初めて戸籍に記載される者の氏名の仮名表記を戸籍に記載するものとする。
　⑵　届書の記載事項の整理
　　　届出人と届出事件の本人が同一である場合にも、戸籍法第29条に規定する戸籍の届書の記載事項として「届出事件の本人の氏名」を明記するものとする。

　2　既に戸籍に記載されている者に係る収集について
　　　経過措置として、次のような趣旨の規律を設けるものとする。
　⑴　新法の施行の際現に戸籍の筆頭に記載されている者（以下「戸籍の筆頭者」という。）は氏の仮名表記の届出を、戸籍に記載されている者は名の仮名表記の届出を、それぞれ施行日から1年以内にすることができるものとする。
　⑵　戸籍の筆頭者が当該戸籍から除籍されているときは、第二順位として配偶者、第三順位として子（いずれもその戸籍から除籍された者を除く。）が施行日から1年以内に限り、氏の仮名表記の届出をすることができるものとする

（既に当該戸籍について(1)の氏の仮名表記の届出がされた場合を除く。）。

(3)　新法の施行の際現に戸籍に記載されている者（戸籍の筆頭者を除く。）であって、施行日以後に新戸籍の筆頭に記載されるものは、施行日から1年以内に限り、氏の仮名表記の届出をすることができるものとする（新戸籍に記載される氏について、既に(1)又は(2)の氏の仮名表記の届出がされた場合を除く。）。

(4)　本籍地の市町村長は、施行日から1年を経過した日に、氏名の仮名表記を戸籍に記載するものとする（氏の仮名表記については、(1)、(2)又は(3)の届出がされた場合を除く。名の仮名表記については、(1)の届出がされた場合を除く。）。

(5)　本籍地の市町村長は、施行日後遅滞なく、戸籍に記載されている者に対し、(4)により記載しようとする氏名の仮名表記を通知するものとする（あらかじめ通知することが困難である場合を除く。）。

(6)　戸籍の筆頭者は(4)により記載された氏の仮名表記について、戸籍に記載された者は(4)により記載された名の仮名表記について、それぞれ一度に限り、家庭裁判所の許可を要せず、届出のみで変更することができるものとする。
　　氏の仮名表記の変更の届出について、戸籍の筆頭者に配偶者があるときは、配偶者とともに当該届出をしなければならないものとする。

(7)　(6)により氏の仮名表記の変更の届出をすることができる戸籍の筆頭者が当該戸籍から除籍されているときは、第二順位として配偶者、第三順位として子（いずれもその戸籍から除籍された者を除く。）が氏の仮名表記の変更の届出をすることができるものとする（既に当該戸籍について(6)又は(7)の氏の仮名表記の変更の届出がされた場合を除く。）。

(8)　(1)、(2)、(3)、(6)又は(7)により、戸籍の筆頭者又は戸籍に記載されている者が、氏名の仮名表記として、一般に認められている読み方以外の読み方によるものを届け出る場合には、現に使用していることを証する書面を提出しなければならないものとする。

(9)　本籍地の市町村長は、(1)から(8)までに必要な限度で、関係地方公共団体の長等に対し、戸籍に記載されている者の氏名の仮名表記に関する情報の提供を求めることができるものとする。

第3　氏名の仮名表記の変更に関する事項
　1　氏又は名の変更に伴わない場合の規律
　　戸籍法に次のような趣旨の規律を設けるものとする。
　(1)　やむを得ない事由によって氏の仮名表記を変更しようとするときは、戸籍の筆頭に記載した者及びその配偶者は、家庭裁判所の許可を得て、その旨を届け出なければならない。
　(2)　正当な事由によって名の仮名表記を変更しようとする者は、家庭裁判所の

許可を得て、その旨を届け出なければならない。

2　氏又は名の変更に伴う場合の規律
　　戸籍法第107条及び第107条の2の規律を次のように改めるものとする。
　⑴　戸籍法第107条第1項の規定により氏を変更しようとするときは、氏及び氏の仮名表記を変更することについて家庭裁判所の許可を得て、その許可を得た氏及び氏の仮名表記を届け出なければならない。
　⑵　戸籍法第107条第2項の規定により外国人配偶者の称している氏に変更しようとするときは、婚姻の日から6か月以内に限り、家庭裁判所の許可を得ないで、その旨及び変更しようとする氏の仮名表記を届け出ることができる。
　⑶　戸籍法第107条の2の規定により名を変更しようとする者は、名及び名の仮名表記を変更することについて家庭裁判所の許可を得て、その許可を得た名及び名の仮名表記を届け出なければならない。

第4　その他
　　その他所要の規定を整備するものとする。

資料6　戸籍法等の改正に関する中間試案

第1　氏名を平仮名（片仮名）で表記したものの戸籍の記載事項化に関する事項
　1　戸籍の記載事項への追加
　　　戸籍の記載事項として、戸籍法第13条に次のいずれかの規定を設けるものとする。
　　　【甲案】氏名を平仮名で表記したもの
　　　【乙案】氏名を片仮名で表記したもの
　　（注）氏名を平仮名（片仮名）で表記したものとして戸籍に記載することができる平仮名又は片仮名の範囲は、平仮名についての表記の方法を定める現代仮名遣い（昭和61年内閣告示第1号）本文第1（直音、拗音、撥音、促音）又はこれを片仮名に変換したもののほか、小書き（「ぁ」、「ァ」など）及び長音（「ー」）など、戸籍の氏名に用いることができる文字及び記号も範囲に含めることが考えられる。

　2　氏名を平仮名（片仮名）で表記したものの許容性及び氏名との関連性
　　　氏名を平仮名（片仮名）で表記したものの許容性及び氏名との関連性に関する審査について、次のいずれかの案によるものとする。
　　　【甲案】戸籍法には規定を設けず、権利濫用の法理、公序良俗の法理等の法の一般原則による（注1）。
　　　【乙案】権利濫用の法理、公序良俗の法理等の法の一般原則によるほか、氏名との関連性について、戸籍法に次のような規律を設けるものとする（注2）。
　　　　　　　氏名を平仮名（片仮名）で表記したものは、国字の音訓若しくは慣用により表音され、又は字義との関連性が認められるものとする。
　　　【丙案】権利濫用の法理、公序良俗の法理等の法の一般原則によるほか、氏名との関連性について、戸籍法に次のような規律を設けるものとする（注2）。
　　　　　　　氏名を平仮名（片仮名）で表記したものは、次のいずれかとする。
　　　①　国字の音訓又は慣用により表音されるもの
　　　②　国字の音訓又は慣用により表音されるものでなくても、字義との関連性が認められるものその他法務省令で定めるものを届け出た（申し出た）場合における当該表記
　　（注1）【甲案】について法令に規定することも考えられる。
　　（注2）【乙案】又は【丙案】における「慣用」は、社会的にその氏名を平仮名（片仮名）で表記したものが使用されているという社会的慣用を意味するものである。

第2　氏名を平仮名（片仮名）で表記したものの収集に関する事項
　1　氏又は名が初めて戸籍に記載される者に係る収集
　　　戸籍法第13条第1号に定める氏又は名が初めて戸籍に記載される者に係るものについては、氏又は名が初めて戸籍に記載されることとなる戸籍の届書（出生、国籍取得、帰化、氏の変更、名の変更、就籍の届書等）の記載事項とし、これを戸籍に記載することとする（注）。
　　（注）例えば、「届出事件の本人の氏又は名を初めて戸籍に記載するときは、届書にその氏又は名を平仮名（片仮名）で表記したものを記載しなければならない。」というような規定を戸籍法に設けることが考えられる。

　2　既に戸籍に記載されている者に係る収集
　　　既に戸籍法第13条第1号に定める氏名が戸籍に記載されている者は、一定期間内に本籍地の市区町村長（注1）に氏名を平仮名（片仮名）で表記したものの申出をしなければならないものとし、一定期間内に当該申出があった場合には、当該市区町村長が当該申出に係る氏名を平仮名（片仮名）で表記したものを戸籍に記載するものとする（注2）（注3）。
　　　一定期間内に当該申出がない場合には、本籍地の市区町村長が国字の音訓又は慣用その他法務省令で定める方法により職権で、氏名を平仮名（片仮名）で表記したものを戸籍に記載するものとする。
　　（注1）ここでは当該戸籍を管掌する本籍地の市区町村長を想定しているが、所在地の市区町村長を加えることも考えられる。
　　（注2）申出に係る氏名を平仮名（片仮名）で表記したものが第1の2により許容されるものでないとして戸籍に記載されなかった場合、その不服申立てについては、戸籍法第122条の規定を準用するものとすることが考えられる。
　　（注3）市区町村長の職権による戸籍への記載を促すものとしての「申出」ではなく、戸籍法上の「届出」と整理した上で、届出義務を課し、正当な理由なく期間内に届出がない場合には、過料の制裁を科す（戸籍法第137条参照）方法も考えられる。

第3　氏名を平仮名（片仮名）で表記したものの変更に関する事項
　1　氏又は名の変更に伴わない場合の規律
　　　氏又は名の変更に伴わない場合の規律は、次のいずれかの案によるものとする。
　　【甲案】戸籍法に次のような規律を設けるものとする（注1）。
　　　①　やむを得ない事由【正当な事由】（注2）によって氏を平仮名（片仮名）で表記したものを変更しようとするときは、戸籍の筆頭に記載した者及びその配偶者は、家庭裁判所の許可を得て、その旨を届け出なければならない。
　　　②　正当な事由によって名を平仮名（片仮名）で表記したものを変更し

2

ようとする者は、家庭裁判所の許可を得て、その旨を届け出なければ
ならない。
【乙案】【甲案】に加え、戸籍法に次のような内容の規律を設けるものとする
（注3）。
　　氏又は名を平仮名（片仮名）で表記したものを変更しようとする者
は、成年に達した時から1年以内に届け出る場合その他法務省令で定
める場合に限り、家庭裁判所の許可を得ないで、その旨を届け出るこ
とができる。
（注1）成年に達した者が自ら氏名を平仮名（片仮名）で表記したものを届け出た（申
し出た）後、これを変更しようとする場合には、その変更の許否はより厳しく審査
されるべきものとすることも考えられる。
（注2）変更の要件について、氏の変更（戸籍法第107条第1項）よりも緩和するこ
ととし、「やむを得ない事由」に代えて「正当な事由」とする案も考えられる。
（注3）【乙案】による変更は、一度に限ることとする。

2　氏又は名の変更に伴う場合の規律
　　戸籍法第107条第1項又は第107条の2の規定により氏又は名を変更し
ようとするときは、その平仮名（片仮名）で表記したものとともに、家庭裁判
所の許可を得て、その旨を届け出なければならないこととする。

●事項索引

一問一答 戸籍法
──戸籍情報の連携、押印義務の見直し、
　氏名の振り仮名の法制化

2024年1月25日　初版第1刷発行

著　　者　　櫻　庭　　　倫

発 行 者　　石　川　雅　規

発 行 所　　株式会社 商 事 法 務
　　　　　　〒103-0027 東京都中央区日本橋 3-6-2
　　　　　　TEL 03-6262-6756・FAX 03-6262-6804〔営業〕
　　　　　　TEL 03-6262-6769〔編集〕
　　　　　　https://www.shojihomu.co.jp/